Claire Cloninger / Andy Cloninger
E-Mail von Gott für Kids

Claires Widmung

Dieses Buch ist dem Gedenken an meine Schwester Alix gewidmet und den Kindern und Enkelkindern, die sie geliebt haben: Paul, Jeanne, André und Marc; Jacob, Gabriel, Matthew, Mary Grace, Beau und Nicholas.

Andys Widmung

Dieses Buch ist auch den Kindern in der Spanish Fort United Methodist Church, in der Christ Church Mobile (Anglikanische Kirche) und den Kindern von Young Life Mobile gewidmet.

Eine kleine Randbemerkung

Die folgenden Mails sind natürlich nicht wirklich «E-Mails von Gott». Sie sind aber von den Autoren Claire und Andy Cloninger so geschrieben, dass sie den Texten und Intentionen der Bibel folgen und die dort gemachten Aussagen und Verheißungen Gottes möglichst gewissenhaft aufgreifen. Der Verlag.

Claire und Andy Cloninger

E-Mail von Gott für Kids

BRUNNEN
Verlag Basel · Giessen

Bibliografische Information der Deutschen Bibliothek
Die Deutsche Bibliothek verzeichnet diese Publikation in der Deutschen Nationalbibliografie; detaillierte bibliografische Daten sind im Internet über http://dnb.ddb.de abrufbar.

Die Bibelstellen sind, soweit nicht anders angegeben, der revidierten «Hoffnung für alle» (2002) entnommen.

Titel der amerikanischen Originalausgabe:
E-Mail from God for Kids
erschienen bei RiverOak Publishing, P.O. Box 700143, Tulsa, Oklahoma 74170–0143, USA

Aus dem Amerikanischen von Brita Becker

1. Neuauflage 2014
(und damit 5. Auflage insgesamt)

Umschlag: Spoon Design, Olaf Johannson, Langgöns
Foto Umschlag: R. Gino Santa Maria, Eskymaks, Shutterstock.com
Satz: InnoSet AG, Justin Messmer, Basel
Druck: Finidr
Gedruckt in Tschechien

ISBN 978-3-7655-4232-9

Einleitung

Bist du schon einmal sonntags morgens aufgewacht und hast gedacht: «Hm, muss ich jetzt wirklich aufstehen und zum Gottesdienst gehen? Total öde!» Schau mal: Wenn du Gott so kennen würdest, wie er wirklich ist, dann würdest du feststellen, dass er alles andere als öde ist. Gott ist nämlich kein alter Mann mit einem weißen Vollbart in irgendeinem bunten Kirchenfenster. Er ist ganz real! Er lebt! Er ist wunderbarer, erstaunlicher und viel aktiver als jeder Mensch, den du je kennen gelernt hast. Er ist absolut klasse. Er ist ganz einfach unvergleichbar.

Gott kennt jeden einzelnen Menschen, der jemals über diese Erde lief. Kein Wunder. Er hat sie ja alle geschaffen – jeden einzelnen von ihnen. Dich übrigens auch!

Gott kennt dich überraschend gut. Er weiß ganz genau, was du jetzt gerade denkst. Er weiß, was du fühlst, worüber du lachst und weshalb du weinst. Er kennt dich von hinten, von vorne, von innen und von außen. Und er ist ganz verrückt nach dir! Und darum möchte er gerne Zeit mit dir verbringen. Er möchte, dass du ihn auch kennen lernst.

In «E-Mail von Gott für Kids» hörst du Gottes Wort so, wie du selbst sprichst. Es ist voller guter Nachrichten, voller Hoffnung, Hilfe, Ermutigung und Liebe. Du bekommst echte Hilfen für drückende Probleme. Das ist deine Gelegenheit, dich in das Herz und die Gedanken Gottes einzuloggen. Worauf wartest du noch?

Claire Cloninger

Zeichen-Erklärung:

:-)	fröhliche Bemerkung; Freude
;-)	Augenzwinkern
:-(	traurige Bemerkung
:,-(	Weinen; Trauer
>:-(	zornige Bemerkung
:-o	Staunen

Brunnen Verlag 11:55 100%

Der ganz alltägliche Glaube

Doch Jesus sagte zu ihm: «Du glaubst, weil du mich gesehen hast. Wie glücklich können erst die sein, die mich nicht sehen und trotzdem glauben.»

Johannes 20,29

Hallo, wie geht es dir?
>Vielleicht weißt du es noch nicht, aber glauben ist etwas, das du jeden Tag tust. Wenn du mit deinen Eltern im Auto zum Einkaufszentrum fährst, dann sitzt du ja auch nicht die ganze Zeit da und sagst: «Vielleicht kommen wir dort an, vielleicht auch nicht.» Nein, du nimmst einfach an: Wenn ihr in Richtung Einkaufszentrum fahrt, dann kommt ihr auch dort an. Du vertraust auf das, was du sehen kannst: den Fahrer, die Straße und das Auto. Aber du vertraust auch auf Dinge, die du nicht sehen kannst. Du vertraust darauf, dass andere euch nicht ins Auto fahren, dass der Motor nicht kaputtgeht, dass kein Baum vor euch auf die Straße fällt. Das ist der ganz alltägliche Glaube, und den hat jeder. :-o Genau denselben Glauben kannst du benutzen, um an mich zu glauben. Ich bin nicht völlig unsichtbar. Du siehst mich in der Schönheit der Natur, in wunderbaren Dingen, die jeden Tag um dich herum geschehen, und in der Bibel. Aber du musst lernen, auch in den Dingen zu glauben, in denen ich nicht sichtbar bin – ich bin nämlich nicht sichtbar wie ein Mensch. ;-) Die Jünger haben Jesus anfassbar vor sich gesehen und haben geglaubt. Aber du kannst dich noch glücklicher schätzen, wenn du mit deinem Glauben glaubst.
>Gott

Brunnen Verlag 11:55 100%

Du hast nur einen perfekten Vater

Kann eine Mutter ihren Säugling vergessen? Bringt sie es übers Herz, das Neugeborene seinem Schicksal zu überlassen? Und selbst wenn sie es vergessen würde – ich vergesse dich niemals!

Jesaja 49,15

Na, gut drauf?
>Ganz egal, wie deine Eltern sind, sie werden niemals perfekt sein. Manchmal werden sie etwas vergessen, was dir wichtig ist. Manchmal werden sie nicht verstehen, was du ihnen erklären willst. Aber du hast einen Vater im Himmel, der in allen Dingen vollkommen ist. :-)
Ich bin dein perfekter Vater. Ich liebe dich mit einer Liebe, die niemals einen Fehler macht. Ich sehe immer, was du brauchst, und ich verstehe immer, wie du dich gerade fühlst. Wenn die Menschen in deinem Leben nicht vollkommen sind, dann komm einfach zu mir. Ich bin hier, um dich zu verstehen und dich aufzufangen und dir zu helfen. Ich helfe dir, deine Eltern zu respektieren, auch wenn sie Fehler machen. Und ich werde dich mit meiner perfekten Liebe lieben.
Dein Vater im Himmel,
>Gott

Du brauchst nicht cool zu sein

Wer sich die neue Welt Gottes nicht wie ein Kind schenken lässt, dem bleibt sie verschlossen.

Markus 10,15

Hallo, wie geht es dir heute?
>Hast du manchmal das Gefühl, dass die ganze Welt von dir verlangt, erwachsen zu werden, bevor du überhaupt bereit dafür bist? Nun, ich sage dir genau das Gegenteil. Bewahre dir dein kindliches Herz und dein kindliches Verhalten. Leute, die zu cool und zu «erwachsen» werden, werden sich in meinem Reich nie richtig zu Hause fühlen.
Jetzt fragst du dich bestimmt, was ich mit kindlichem Herzen und kindlichem Verhalten meine. Nun, du weißt doch bestimmt, wie kleine Kinder ihren Eltern vertrauen. Und ich möchte, dass du mir ganz genauso vertraust. Weißt du, wie sich kleine Kinder über das Leben freuen? Ich möchte, dass du dich ganz genauso freust. :-o
Vertraue mir, glaube mir, und hab Spaß in deinem Leben. Du brauchst wirklich nicht cool zu sein, vergiss es!
Der Vater aller kindlichen Herzen,
>Gott

Brunnen Verlag 11:55 100%

Dein sicherer Anker

Diese Hoffnung ist für uns ein sicherer und fester Anker, der hineinreicht in den himmlischen Tempel, bis ins Allerheiligste hinter dem Vorhang.

Hebräer 6,19

Na, alles klar?
>Du kannst ewig mit einem riesengroßen Schiff herumfahren und wirst den Anker erst vermissen, wenn du anhalten und an einer Stelle stehen bleiben möchtest. Wenn du immer nur von einem Ort zum anderen rennst, dann wirst du wahrscheinlich gar nicht bemerken, dass der Anker fehlt. Aber wenn die Zeit kommt, wo du eine Weile still stehen musst, dann brauchst du einen Anker, der dein Schiff festhält, damit es nicht wegtreibt. Oder wenn ein Sturm aufkommt und du im tiefen Wasser ankern willst, um den Sturm zu überstehen, dann geht das nicht ohne einen Anker.
Es ist leicht, im Leben immer nur herumzurennen und überhaupt nicht zu wissen, wie es ist, ruhig zu sein. Aber jeder Mensch hat Sehnsucht nach Ruhe und Frieden. Jeder braucht eine Sicherheit in den Stürmen des Lebens. Ich möchte dein Anker sein. Ich möchte dir den Frieden geben, damit du still sitzen und dich ausruhen kannst. Ich möchte dir Sicherheit geben, damit du die wilden Stürme des Lebens überstehen kannst. Ich bin für dich da. Lass mich dein Leben in meiner Liebe verankern. :-)
Dein Anker,
>Gott

Brunnen Verlag 11:55 100%

Bitte entscheide dich

Denn wenn du mit deinem Munde bekennst: «Jesus ist der Herr!», und wenn du von ganzem Herzen glaubst, dass Gott ihn von den Toten auferweckt hat, dann wirst du gerettet werden. Wer also von Herzen glaubt, wird von Gott angenommen; und wer seinen Glauben auch bekennt, der findet Rettung.

Römer 10,9–10

Ich grüße dich!
>Ich werde dich nicht dazu zwingen, an mich zu glauben. Das ist eine Entscheidung, die du ganz alleine treffen musst. Ich möchte nicht einen Haufen von Roboter-Christen, denen das Gehirn durchgespült wurde und die mich nur lieben, weil sie müssen. >:-(Ich möchte, dass meine Kinder sich selbst entscheiden, dass sie zu mir gehören und mir nachfolgen wollen. Ich habe dir alle Werkzeuge in die Hand gegeben, damit du diese Entscheidung selbst treffen kannst. Ich habe dir die Bibel gegeben, damit du darin lesen und mich verstehen kannst. Ich habe dir eine unglaubliche Welt gegeben, die dir meine Schönheit zeigen soll. Ich habe Jesus Christus geschickt, damit er dir den Weg zu mir zeigt. Ich habe dir den Heiligen Geist gegeben, damit er dich auf deinem Weg zu mir führt. Aber nur du kannst das alles nehmen und dich dazu entscheiden, mir nachzufolgen.
Also suche nach der Wahrheit. Lerne alles, was du kannst. Und dann triff deine Entscheidung. Ich liebe dich so sehr, und ich wünsche mir, dass du dich für mich entscheidest. Aber ich werde dich nicht dazu zwingen.
Dein Vater, :-)
>Gott

Brunnen Verlag 11:55 100%

Wir werden's gemeinsam machen

Schließlich habe ich gelernt, in jeder Lebenslage zurechtzukommen ... Alles kann ich durch Christus, der mir Kraft und Stärke gibt.

Philipper 4,11 und 13

Ich möchte dir etwas erzählen!
>Jeder, der schon einmal etwas ganz Tolles gemacht hat, der zum Beispiel einen hohen Berg bestiegen oder ein schönes Bild gemalt hat, der hat vorher mit einem Traum angefangen. :-o Ich möchte dir riesengroße Träume und Pläne in dein Herz pflanzen. Ich möchte dir großartige Dinge zeigen, die du mit deinem Leben machen kannst. Ich möchte dich dazu benutzen, in der Welt etwas zu bewegen.
Wenn ich dir einen Traum schenke, dann glaub nicht, dass du das alles ganz allein tun sollst. Worum ich dich auch immer bitte, ich werde es mit dir gemeinsam machen. Ich werde dir die notwendige Kraft und den Grips und die Energie geben, damit du die Aufgabe erfüllen kannst. Wenn du die Welt bereisen möchtest, dann werde ich mit dir reisen. Wenn du als Astronaut durchs Weltall fliegen willst, dann werde ich dich auf der Reise begleiten. Also träume große Träume und glaube an deine Zukunft. Du kannst auf meine Kraft zählen.
Dein «galaktischer» Helfer, ;-)
>Gott

Brunnen Verlag 11:55 100%

Eine sehr wichtige Frage

«Und für wen haltet ihr mich?», fragte er sie. Da antwortete Petrus: «Du bist Christus, der von Gott gesandte Retter!»

Markus 8,29

Hi, ich möchte dich mal was fragen:
>Jesus hat einmal seine Freunde gefragt, was die Leute über ihn so sagen. Petrus erzählte Jesus, dass manche Leute sagten, er wäre Johannes der Täufer, der von den Toten auferweckt worden wäre. Und andere Leute, so sagte Petrus, glaubten, er wäre ein Prophet. Dann stellte Jesus Petrus eine sehr wichtige Frage. «Aber wie steht es mit dir?», fragte er ihn. «Was denkst *du*, wer ich bin?» :-o
Jetzt möchte ich dir diese Frage stellen. Was meinst du, wer Jesus ist? Plappere nicht anderen Kindern nach. Vertraue auch nicht darauf, dass deine Lehrer es dir sagen. Vielleicht wissen sie es gar nicht. Lies in der Bibel über Jesus. Bete zu ihm und bitte ihn, dein Freund zu sein. Und dann pass mal auf, wie er dein Leben verändern kann! Indem du nach ihm suchst, wirst du mehr über ihn erfahren. Garantiert!
Sein Vater und deiner, :-)
>Gott

Brunnen Verlag 11:55 100%

Halte dich an die Wahrheit

Die Menschen sind wie das Gras, und ihre Schönheit gleicht den Blumen ... Das Gras verdorrt, die Blumen verwelken, aber das Wort unseres Gottes bleibt gültig für immer und ewig.

Jesaja 40,6–8

Hallo, Königskind!
>Wer sind die mächtigsten Menschen auf der Welt? Sind es Filmstars? Oder Leute aus dem Show-Biz? Oder Sportler? Oder vielleicht Politiker? Wer sie auch sind, mit der Zeit wird ihre Macht verblassen, und sie werden von der Erde verschwinden. So was geht ganz schnell. Versuche einmal, einen reichen oder berühmten Menschen aus dem achtzehnten Jahrhundert zu finden, der heute noch lebt. Das wirst du nicht schaffen. Sie sind alle fort. Sie waren Gäste auf der Erde, und jetzt sind sie wieder gegangen. Aber ich bin immer noch hier. Und meine Worte in der Bibel sind auch immer noch hier. Und sie sind immer noch genauso mächtig wie ganz zu Anfang. Meine Worte haben immer Gültigkeit. :-o Darum bitte ich dich, lies die Worte in der Bibel. Sie werden ewig leben. Und sie werden dir zeigen, wie auch du ewig mit Jesus zusammen leben kannst.
Der Ewige,
>Gott

Brunnen Verlag 11:55 100%

Hab keine Angst

Wirkliche Liebe ist frei von Angst. Ja, wenn die Liebe uns ganz erfüllt, vertreibt sie sogar die Angst ... Wir lieben, weil Gott uns zuerst geliebt hat.

1. Johannes 4,17–18

Schalom!
>Ich möchte dir etwas über einen deiner schlimmsten Feinde erzählen. Dieser Feind ist keine Person und kein Tier und kein Alien, eines dieser angeblichen Wesen aus dem Weltraum. Er ist ein Gefühl. Der Feind, von dem ich spreche, ist die Angst. Angst kann dich richtig fesseln und dich lähmen. >:-(Angst kann dich daran hindern, Bestleistungen zu vollbringen. Sie kann dich an einem glücklichen Leben hindern. :,-(Ich möchte, dass du die Angst so behandelst wie jeden anderen Feind. Nimm dich davor in Acht. Gib der Angst keinen Platz in deinem Leben.
Ich bin ein Gott der Liebe, und in der Liebe gibt es keine Angst. :-o Ich habe großartige Pläne für dich, und in meinen Plänen ist kein Platz für Ängste, die sich dauernd breit machen wollen. Je mehr du mir vertraust, desto weniger Zeit verbringst du damit, dich zu ängstigen.
Der Eine, der dich mit Liebe erfüllt, :-)
>Gott

Brunnen Verlag 11:55 100%

Ein Name senkt die Zugbrücke

Gott, der Herr, ist wie eine starke Festung: Wer auf ihn vertraut, ist in Sicherheit.

Sprüche 18,10

Hallo, hier ist eine Geschichte für dich!
>Vor langer, langer Zeit, damals im Mittelalter, haben die Leute riesige Burgen mit dicken Mauern gebaut, die sie vor ihren Feinden schützen sollten. Egal, wie stark der Feind war, der sie bedrohte, sie konnten sich immer in ihre Burg flüchten und waren dort sicher. Ich möchte diese starke Burg in deinem Leben sein. :-o
Es ist nicht wichtig, ob alles, was du tust, einfach nicht zu klappen scheint. Es ist nicht wichtig, ob scheinbar alle gegen dich sind. Du kannst immer zu mir kommen, denn bei mir bist du sicher. Du brauchst nur den Namen Jesus zu rufen, und ich werde die Zugbrücke für dich herunterlassen. Du kannst hereinkommen, und ich schließe die Tore hinter dir zu. Ich beschütze dich und helfe dir, die besten Lösungen zu finden. Lösungen, wie du mit dem, was in deinem Leben geschieht, fertig wirst.
Komm zu mir, ich bin deine feste Burg, :-)
>Gott

Brunnen Verlag 11:55 100%

Keine billigen Imitationen!

Der Herr ist der einzige Gott. Er ist es, der den Himmel geschaffen hat ... Dieser Gott spricht: «Ich bin der Herr, außer mir gibt es keinen Gott.»

Jesaja 45,18

Hey, hast du etwas Zeit?
>Vielleicht hörst du die Leute manchmal sagen, dass es viele Wege in den Himmel gäbe, und jeder Weg würde dich dorthin bringen, solange du nur wirklich daran glaubst. Schau mal: Du kannst *wirklich* etwas glauben und dabei *wirklich* falsch liegen. Du kannst natürlich glauben, dass das Meer voller Orangensaft und nicht voller Salzwasser ist – aber das würde nichts daran ändern, was Meerwasser wirklich ist. Du kannst auch glauben, dass der Mond aus Sahnekäse statt aus Steinen und Staub besteht – aber das würde nichts daran ändern, woraus der Mond wirklich besteht. Und du kannst natürlich auch gerne glauben, dass ein Gott genauso gut ist wie ein anderer, aber das macht es eben auch nicht wahr. >:-(
Ich bin der eine und einzig wahre Gott. Und darum verschwende deinen Glauben nicht an billige Imitationen. Setze dein Vertrauen in mich. Ich bin der Echte.
Ich bin der Einzige, :-)
>Gott

Brunnen Verlag 11:55 100%

Der große Mitbringtag

Denn Gott hat die Menschen so sehr geliebt, dass er seinen einzigen Sohn für sie hergab. Jeder, der an ihn glaubt, wird nicht zugrunde gehen, sondern das ewige Leben haben.

Johannes 3,16

Hallo, ich grüße dich!
>Erinnerst du dich an den letzten Mitbringtag in der Schule, wo jeder etwas mitgebracht hat, um es den Klassenkameraden zu zeigen? Stell dir mal vor, du hättest ein Haustier, und für den Mitbringtag würdest du einen langen, sehr guten Vortrag über dein Haustier schreiben. Meinst du, deine Klassenkameraden würde das interessieren? Wahrscheinlich nicht. Aber wenn du dieses Haustier mit zur Schule bringst, müsstest du nur sagen: «Das ist mein Haustier.» Deine Freunde würden das für den besten Vortrag halten, denn sie könnten dein Haustier sehen, anfassen und es wirklich kennen lernen. Viele Jahre lang habe ich den Männern und Frauen von meiner Liebe zu ihnen erzählt. Ich sprach durch Propheten, die beeindruckende Reden gehalten haben und sogar Wunderzeichen taten. Aber die meisten Leute glaubten immer noch nicht. Statt also nur davon zu reden, schickte ich meine Liebe auf die Erde – und zwar in der Person meines Sohnes Jesus Christus, damit er den Leuten zeigen sollte, was Liebe wirklich ist. Wenn du einmal mit Jesus Bekanntschaft gemacht hast und ihn wirklich kennen lernst, dann wirst du verstehen, wie lieb ich dich habe. :-)
Der dir die Liebe zeigt,
>Gott

ııll Brunnen Verlag 11:55 100%

Das Auge des Sturms

Noch während sie berichteten, stand Jesus plötzlich mitten im Kreis der Jünger. «Friede sei mit euch!», begrüßte er sie ... «Ich werde euch den Heiligen Geist geben, den mein Vater euch versprochen hat.»

Lukas | 24,36 und 49

Hi, da bin ich wieder!
>Warst du schon einmal mitten in einem Orkan? Ein Orkan ist ein mächtiger Wirbelsturm, der Bäume entwurzeln und Häuser wegblasen kann. Eine Wahnsinns-Sache, sag ich dir! :-o Aber in der Mitte der herumwirbelnden Winde eines Orkans gibt es einen ganz ruhigen Platz, den man «das Auge des Sturms» nennt. Im Auge eines Orkans ist alles still und friedlich. :-o
Manchmal scheint das Leben ein Orkan zu sein, stimmt's? Es geht dann alles drunter und drüber. Man hat viel zu viel zu tun und muss sich um unglaublich viele Dinge Sorgen machen. Wenn das geschieht, dann kann Jesus das Auge in der Mitte deines Sturms sein. Er kann in den ganzen Trubel und die Sorgen deines Lebens hineinkommen und Worte des Friedens sprechen. Er kann aus Chaos etwas Sinnvolles machen und aus schlechten Dingen etwas Gutes hervorbringen. :-o
Vertraue meinem Sohn in den Stürmen des Lebens,
>Gott

Erzähle es weiter!

Wenig später traf er seinen Bruder Simon und erzählte ihm: «Wir haben den Messias gefunden, den von Gott versprochenen Retter!» Dann nahm Andreas seinen Bruder mit zu Jesus.

Johannes 1,41–42

Na, was gibt es Neues?
>Wenn du etwas ganz Tolles gefunden hast, möchtest du dann nicht jemandem davon erzählen? Stell dir vor, du hast eine ganz tolle neue Hamburger-Bude gefunden, wo es superleckere Hamburger und Pommes gibt. Mit Cola und Ketchup bis zum Abwinken! Das würdest du doch bestimmt nicht geheim halten, oder? Du würdest es doch allen deinen Freunden erzählen, nicht wahr? ;-)
Als Andreas Jesus kennen gelernt hatte, wusste er, dass er etwas gefunden hatte, das viel besser war als ein guter Hamburger. Er hatte den Sohn Gottes gefunden. Und darum verlor Andreas auch keine Zeit. Er erzählte es gleich seinem Bruder Simon. Dann brachte er Simon zu Jesus, damit er ihn auch kennen lernen konnte.
Hast du Jesus schon kennen gelernt? Hast du gemerkt, wie beeindruckend und mächtig er ist? Wenn ja, dann tu genau das, was Andreas getan hat. Suche jemanden, der Jesus unbedingt kennen lernen sollte, und erzähle ihm davon!
Der Vater von Jesus,
>Gott

Brunnen Verlag 11:55 100%

Du hast die Wahl

«Seid nicht bestürzt, und habt keine Angst!», ermutigte Jesus seine Jünger. «Vertraut Gott, und vertraut mir!»

Johannes 14,1

Hallo, ich bin's wieder!
>Stell dir mal vor, einer deiner Freunde hätte etwas wirklich Gemeines über dich gesagt. Würdest du dann sofort wütend werden? Klar, du könntest mit Fug und Recht sagen, dass diese Person dich extrem böse macht. Aber ich will dir mal ein Geheimnis verraten: Andere Menschen können dir unmöglich irgendwelche Gefühle aufzwingen, wenn du sie nicht lässt. :-o Wenn du wütend, traurig oder verletzt bist, dann nur, weil du so fühlen WILLST. Siehst du, es ist nicht wichtig, was dir im Leben passiert. Wichtig ist vielmehr, wie du darauf reagierst und wie du jetzt handelst.
Jesus sagt dir, dass du nicht viel Zeit verschwenden sollst, traurig oder böse oder wütend zu sein. Vertraue ihm doch einfach. Egal, was dir heute passiert – das Beste ist, wenn du Jesus vertraust. Wenn du das tust, dann wählst du Glück und Zufriedenheit. Nicht schlecht, oder?! :-)
Dein Vater und Freund,
>Gott

Brunnen Verlag 11:55 100%

Gib dein Geschenk weiter!

Lasst uns einander lieben, denn die Liebe kommt von Gott ... Das Einzigartige an dieser Liebe ist: Nicht wir haben Gott geliebt, sondern er hat uns seine Liebe geschenkt ... Meine Freunde, wenn uns Gott so sehr liebt, dann müssen auch wir einander lieben.

1. Johannes 4,7 und 10–11

Schalom!
>Ich mache unheimlich gern Geschenke. Das tue ich die ganze Zeit. Das allerbeste Geschenk, das ich dir mache, ist meine Liebe. Aber Liebe ist kein Geschenk, das du zusammenfalten und ganz unten in die Schublade legen sollst, wo du sie niemals siehst oder benutzt. Die Liebe ist ein Geschenk, das dazu da ist, weitergegeben zu werden. :-o
Liebe ist nämlich das Geschenk, das jeder braucht. Arme Leute brauchen sie. Reiche Leute brauchen sie. Menschen brauchen sie, wenn sie gewinnen, aber auch wenn sie verlieren. Schlaue Leute brauchen sie, und nicht so schlaue Leute brauchen sie genauso. Kinder brauchen sie. Lehrer brauchen sie. Eltern brauchen sie. Der Hausmeister in deiner Schule braucht sie. Jeder Staatschef braucht sie. Dein Lieblingsfilmstar braucht sie. Die Frau, die bei McDonald's arbeitet, braucht sie. Dein Lieblingssänger braucht sie. Niemand wird einmal so groß, dass er die Liebe nicht mehr brauchen würde.
Möchtest du heute jemanden für mich lieben?
Der Herr, der dich lieb hat, :-)
>Gott

Brunnen Verlag 11:55 100%

Der geheime Schatz

Rufe zu mir, dann will ich dir antworten und dir große und geheimnisvolle Dinge zeigen, von denen du nichts weißt!

Jeremia 33,3

Etwas ist mir wichtig:
>Wenn du mich findest, dann ist das, als ob du über eine Schatzkiste voller erstaunlicher Reichtümer stolperst. Ich rede jetzt nicht von Geld. Ich rede über Rettung und ein neues Leben. Wenn du diese meine ersten und ganz besonderen Geschenke siehst, dann sieht es vielleicht so aus, als wäre das schon alles gewesen. Aber meine Reichtümer sind da noch nicht zu Ende. :-o
Wenn du weiter mit mir gehst, dann ist es, als ob du immer mehr geheime Schubladen und Türen in meiner Schatzkiste findest. Diese Geheimfächer öffnen sich immer wieder und zeigen dir neue und wunderbare Dinge: Abenteuer, Herausforderungen, Siege, Freundschaften, geistliche Gaben und dauerhafte Freude.
Meine Geschenke gehen in deinem Leben nie zu Ende. Mir gehen die Dinge nicht aus, die ich dir alle zeigen und erklären will. Aber du musst meine Schatzkiste immer weiter durchsuchen. Wenn du das tust, dann wirst du ein Leben haben, das erfüllt ist von großartigen und wunderbaren Reichtümern.
Dein Schatz und dein Abenteuer, :-)
>Gott

Brunnen Verlag 11:55 100%

Eine andere Art von Durst

Jesus erwiderte: «Wer dieses Wasser trinkt, wird bald wieder durstig sein. Wer aber von dem Wasser trinkt, das ich ihm gebe, der wird nie wieder Durst bekommen. Dieses Wasser wird in ihm zu einer Quelle, die bis ins ewige Leben hinein fließt.»

Johannes 4,13–14

Hallo du, alles klar?
>Nach einem langen, heißen Tag am Strand erfrischt nichts deinen körperlichen Durst mehr als ein Glas kaltes Wasser. Aber du hast auch noch eine andere Art von Durst. Den nennt man geistlichen Durst. Das Gefühl des geistlichen Durstes ist schwer zu beschreiben. Er fühlt sich ein bisschen an, als ob man einsam ist oder Heimweh hat – als ob man Leute vermisst, die man liebt, wenn sie ganz weit weg sind. :,-(
Jesus ist das lebendige Wasser, das diesen geistlichen Durst stillt. Wenn du ihn lässt, dann gießt er dieses Wasser in dein Leben. Er will die Antwort auf alle deine Fragen sein, und er will deine traurigen Gefühle der Einsamkeit wegnehmen. Er bleibt bei dir, wenn du traurig bist, und er ermutigt dich, wenn du Hilfe brauchst. Er ist kein Wasser aus der Flasche oder aus dem Wasserhahn. Er ist lebendiges Wasser, und das bedeutet, dass er niemals austrocknet. Er wird immer da sein, um deinen geistlichen Durst zu stillen. :-)
Das Wasser in der Fülle,
>Gott

Brunnen Verlag 11:55 100%

Sag mal: Wer bist du?

[Gottes Geist] macht euch vielmehr zu Gottes Kindern. Jetzt können wir zu Gott kommen und zu ihm sagen: «Vater, lieber Vater!» Gottes Geist selbst gibt uns die innere Gewissheit, dass wir Gottes Kinder sind.

Römer 8,15–16

Sei gegrüßt!
>Wenn dich jemand fragt, wer du bist, was würdest du dann antworten? Würdest du sagen: «Ich bin ein Viertklässler» oder «Ich bin Stürmer in unserer Fußballmannschaft» oder «Ich bin das jüngste von drei Geschwistern»? Die Art, wie du dich beschreibst, die zeigt, was du von dir denkst. ;-)
Glaub mir, du bist viel mehr als ein Viertklässler oder ein Stürmer oder jemandes Schwester oder Bruder. Mein Heiliger Geist flüstert deinem Geist ständig zu und erinnert dich daran, wer du bist. Du bist mein Kind, einzigartig geschaffen und vollkommen geliebt. Du hast eine Bestimmung – eine persönliche Karte von deinem Leben, die nur für dich allein gezeichnet ist. Dein Leben hat einen Zweck – du hast einen Grund zu leben, eine Hoffnung für die Zukunft, nämlich den Himmel. Du hast einen festen Platz – du bist ein Kind in der Familie Gottes.
Dein Schöpfer und Freund, :-)
>Gott

Brunnen Verlag 11:55 100%

Größer als deine Furcht

Noch während er so redete, hüllte sie eine leuchtende Wolke ein, und aus der Wolke hörten sie eine Stimme: «Das ist mein geliebter Sohn ... Auf ihn sollt ihr hören.» Bei diesen Worten fielen die Jünger erschrocken zu Boden. Aber Jesus kam zu ihnen, berührte sie und sagte: «Steht auf! Fürchtet euch nicht!»

Matthäus 17,5–7

Hi, Post für dich!
>Wenn du den ganzen Tag nur herumsitzt und über die Dinge nachdenkst, vor denen du dich fürchtest, dann wirst du immer ein Leben in Angst führen. Ich möchte aber nicht, dass du so lebst. Ich möchte dich so stark machen, dass du ohne Furcht ganz nahe bei mir bist, auch in brenzligen Situationen.
Ich will damit nicht sagen, dass du deinen gesunden Menschenverstand wegwerfen und eine Dummheit begehen sollst, nur um zu beweisen, wie tapfer du bist. Aber das sage ich dir: Ich bin viel mächtiger als alles, wovor du dich fürchtest. Ich habe über alles die Kontrolle, und ich bin immer bei dir.
Jesus hat viele Male zu seinen Freunden gesagt: «Fürchtet euch nicht.» Aber er hat sie auch berührt und hat ihnen beigestanden, wenn sie Angst hatten. Das wünsche ich mir auch für dich, mein Kind.
Vertraue mir, und fürchte dich nicht.
Dein Beschützer, :-)
>Gott

Brunnen Verlag 11:55 100%

Schnell dahergesagt

So spricht der Herr: «Dieses Volk gibt vor, mich zu ehren – doch sie tun es nur mit den Lippen, mit dem Herzen sind sie nicht dabei.»

Jesaja 29,13

Hallo, ich bin's schon wieder!
>Weißt du, viele Menschen reden über mich. Sie tun so, als ob sie mich kennen würden, obwohl das gar nicht stimmt. Was ihr Mund sagt und was ihr Herz glaubt, ist meilenweit voneinander entfernt. >:-(Worte sind ja schnell dahergesagt. Mich interessiert aber viel mehr, woran du in deinem Herzen glaubst, als das, was du mit deinem Mund sagst.
Hast du schon einmal im Gottesdienst gesessen und all die Lieder gesungen und dabei gar nicht darüber nachgedacht, was die gesungenen Worte bedeuten? Hast du im Kindergottesdienst schon einmal die «richtige» Antwort gegeben, obwohl du gar nicht wirklich geglaubt hast, was du da sagtest? Ich möchte nicht, dass über mich bedeutungslose Worte gesungen werden. >:-(Und ich möchte auch keine Antworten, die zwar richtig sind, aber nicht von Herzen kommen. Ich möchte einfach nur dich, mein Kind. Ich möchte deine Liebe, deinen Glauben und dein ganzes Herz. Was meinst du dazu?
Der Herr des Herzens, :-)
>Gott

Was ich angefangen habe ...

Deshalb bin ich auch ganz sicher, dass Gott sein Werk, das er bei euch begonnen hat, zu Ende führen wird, bis zu dem Tag, an dem Jesus Christus kommt.

Philipper 1,6

Grüß dich!
>Stell dir vor, dein Papa oder ein Onkel hätte dir versprochen, dir in deinem Lieblingsbaum ein richtig cooles Baumhaus zu bauen. Ein Baumhaus mit allem Drum und Dran. Stell dir vor, er hätte alles Holz und alles Werkzeug gekauft, das er dazu braucht, und hätte zwei Tage lang schwer daran gearbeitet. Aber am dritten Tag würde er das Werkzeug dann weglegen und einfach aufhören. Wärst du da nicht furchtbar enttäuscht? :,-(
Ich bin einer, der das zu Ende bringt, was er angefangen hat. Ich habe begonnen, gute Dinge in deinem Leben aufzubauen. Ich habe angefangen, in dir einen Glauben aufzubauen, der dich stark macht. Ich habe angefangen, in dir Talente zu entwickeln, die ich benutzen möchte. Was nötig sein wird, damit du ganz mein bist, das werde ich tun. Und nichts kann mich aufhalten, bis die Arbeit vollbracht ist. Im Aufbauen bin ich der Beste, ;-)
>Gott

Selbstvertrauen entwickeln

Werft nun euer Vertrauen nicht weg! Es wird sich erfüllen, worauf ihr hofft. Aber ihr müsst standhaft bleiben und tun, was Gott von euch erwartet. Er wird euch alles geben, was er zugesagt hat.

Hebräer 10,35–36

Schalom!
>Die Leute erzählen dir immer, dass du Selbstvertrauen und Selbstbewusstsein entwickeln musst. Dazu habe ich einen Rat für dich: Der beste Weg, Vertrauen in dich selbst zu entwickeln, ist, wenn du dein Vertrauen in mich setzt. Das darfst du mir ruhig glauben. :-o
Weil du weißt, dass ich der Gott bin, der dich gemacht hat und der dich nie im Stich lassen wird, kannst du auch wirklich glauben, dass du geliebt bist. Weil ich unbegrenzte Kraft und die volle Kontrolle habe, kannst du dich stark fühlen. Weil ich auf deiner Seite bin, kannst du glauben, dass du nicht hängen gelassen wirst.
Je mehr du mich kennst, desto mehr Vertrauen wirst du in mich und meine Kraft haben. Und je mehr Vertrauen du in mich und meine Kraft hast, desto mehr Vertrauen wirst du in dich selbst haben. Gottvertrauen führt immer zu einem gesunden Selbstvertrauen. Das ist das solide Vertrauen, das ich dir geben möchte.
Die Quelle deines Vertrauens, :-)
>Gott

Ich habe einen besseren Plan

Wer sich um Weisheit bemüht, tut sich selbst einen Gefallen; und wer Einsicht bewahrt, findet das Glück ... Der Mensch macht viele Pläne, aber es geschieht, was Gott will.

Sprüche 19,8 und 21

Hi, du hast Post!
>«Aladdin und die Wunderlampe» ist eine Geschichte von einem Jungen, der eine Wunderlampe gefunden hat. Er musste nur an der Lampe reiben, und ein riesiger Geist kam heraus und gab Aladdin alles, worum er bat. :-o
Verwechsle mich bitte nicht mit Aladdins Lampengeist. Ich bin nicht dazu da, dir jeden nur möglichen Wunsch zu erfüllen. Sieh mal, ich weiß nämlich, was gut für dich ist und was dir schadet. Und so muss ich eben auch manchmal «Nein» sagen zu deinen Gebeten. Das leuchtet doch ein, oder?!
Statt mich zu bitten, deine Pläne zu segnen – warum bittest du mich nicht einfach, dass ich dir *meine* Pläne zeige? Dann könnten wir nämlich zusammenarbeiten. Meine Pläne sind vielleicht nicht immer das, was du dir gedacht hast. Aber sie werden dir in deinem Leben immer zum Besten dienen.
Der mit dem viel besseren Plan, ;-)
>Gott

Erst nachdenken, dann reden

Ein kleiner Funke setzt einen ganzen Wald in Brand. Mit einem solchen Feuer lässt sich auch die Zunge vergleichen. Sie kann eine ganze Welt voller Ungerechtigkeit und Bosheit sein. Sie vergiftet uns und unser Leben, sie steckt unsere Umgebung in Brand ...

Jakobus 3,5–6

Na, alles fit?
>Smokey, der Bär, ist eine amerikanische Zeichentrickfigur, welche die Camper daran erinnern soll, vorsichtig mit Feuer umzugehen. Smokey warnt Wanderer, dass sie niemals ein Streichholz in den Wald werfen dürfen, ganz besonders, wenn es sehr trocken ist. Ein winziger Funke, und der ganze Wald könnte in Flammen aufgehen. Wuschhhh, das geht ganz schnell!!! >:-(
Menschen, die sorglos mit Worten umgehen, können genauso viel Schaden anrichten wie Menschen, die sorglos mit Feuer umgehen. >:-(Ein paar gedankenlose oder bösartige Worte dahingesagt können die Gefühle eines anderen Menschen «in Flammen setzen». Die Herzen meiner Kinder müssen genauso geschützt werden wie die Bäume in meinen Wäldern. Ich möchte nicht, dass du andern Menschen Schaden zufügst. Also sei sehr vorsichtig mit dem, was du sagst, Kid. Denke zuerst nach, bevor du sprichst. Einverstanden?
Der, der alles hört, :-o
>Gott

Sorge dich nicht um morgen

Und wenn ihr euch noch so viel sorgt, könnt ihr doch euer Leben um keinen Augenblick verlängern ... Was sorgt ihr euch um all die anderen Dinge?

Lukas 12,25–26

Geht es dir gut?
>Es gibt einen Tag in jeder Woche, der frei von Sorge und Angst sein sollte. Dieser Tag ist morgen. Hast du schon einmal deine Zeit damit verbracht, dir Sorgen über die Dinge zu machen, die in der Zukunft vielleicht passieren könnten? Gehst du abends ins Bett und hast Angst vor dem nächsten Tag? Klar, morgen ist voller Möglichkeiten – mögliche Siege, mögliche Fehler, mögliche Hochs und Tiefs. Aber heute sind alle diese Dinge noch unerreichbar. Wenn man versucht, das Morgen in den Griff zu kriegen, dann macht man sich Gedanken über Dinge, die wahrscheinlich nie geschehen. ;-) Du kannst heute dein Bestes geben, wenn du für eine Arbeit lernst oder für ein Rennen trainierst, das morgen stattfindet. Aber darüber hinaus kannst du gar nichts tun. Und statt deine Energie damit zu verschwenden, dir Sorgen zu machen und zu überlegen, was morgen passieren könnte, benutze diese Energie lieber für die Dinge, die *heute* dran sind. Lass dir nicht von den überwältigenden Möglichkeiten von morgen die Freude von heute verderben. Lass MICH für das Morgen sorgen.
Ich habe die Zukunft im Griff, :-)
>Gott

Brunnen Verlag 11:55 100%

Mein Vorschlag: Wähle mich!

Kann man wirklich noch mehr erwarten? Wenn Gott für uns ist, wer kann dann gegen uns sein? ... Wer könnte es wagen, die von Gott Auserwählten anzuklagen? Niemand, denn Gott selbst hat sie von aller Schuld freigesprochen.

Römer 8,31 und 33

Wie bist du heute drauf?
>Stell dir vor, du solltest die Spieler für deine Mannschaft auswählen. Würdest du nicht auch die stärksten, schlausten, schnellsten und sportlichsten Spieler auswählen? Und mal angenommen, du könntest *mich* wählen. Würdest du das nicht tun? ;-)
Lass mich hier mal eines sagen: Ich bin das mächtigste Wesen von allen Planeten aller Galaxien. (Ich habe nämlich alle Galaxien geschaffen!) Ich bin jedem anderen in jedem Team in jeder Hinsicht überlegen. Garantiert! Denk mal darüber nach. Wenn ich auf deiner Seite bin, dann ist es völlig egal, wer auf der anderen Seite steht. Du wirst immer Erster sein. :-o
Weißt du, dein Leben ist viel wichtiger als ein Spiel. In deinem Leben bin ich auf deiner Seite. Also ist es ganz egal, wer gegen dich ist. Du bist ein Sieger! :-)
Der Spielmacher,
>Gott

Brunnen Verlag 11:55 100%

Dein Papa ist der König

Denn der Geist Gottes, den ihr empfangen habt, führt euch nicht in eine neue Sklaverei, in der ihr wieder Angst haben müsstet. Er macht euch vielmehr zu Gottes Kindern. Deshalb dürft ihr furchtlos und ohne Angst zu Gott kommen und ihn euern Vater nennen.

Römer 8,15

Ich hatte Sehnsucht nach dir!
>Wenn du das Kind eines Königs wärst, dann könntest du im Königreich deines Vaters überall herumlaufen und dich dabei ziemlich sicher fühlen. Niemand würde sich am Kind des Königs vergreifen. Niemand würde dir wehtun wollen.
Nun, ich möchte, dass du dein alltägliches Leben genauso wie das Kind eines Königs lebst. Warum? Weil du genau das bist. Ich bin der König von allem im Himmel und auf der Erde, und ich bin dein Papa. Das heißt: Egal, wo du auch hingehst und was dir dort auch begegnet, ich bin da und ermutige und beschütze und behüte dich. Und weil du mein Kind bist, wird alles in meinem Reich dir gehören. All die Schönheit, die Musik, der Spaß, die Aufregung und das Glück. Meine Zeit wird deine Zeit sein. Meine Weisheit wird deine Weisheit sein. Meine Familie wird deine Familie sein.
Feiere, wer du heute bist – das geliebte Kind eines mächtigen Königs.
Dein Papa im Himmel, :-)
>Gott

Brunnen Verlag 11:55 100%

Du bist wie ein Schlüssel

Gott hat etwas aus uns gemacht: Wir sind sein Werk, durch Jesus Christus neu geschaffen, um Gutes zu tun. Damit erfüllen wir nur, was Gott schon im Voraus für uns vorbereitet hat.

Epheser 2,10

Schalom!
>Stell dir einen Karton vor, der mit vielen verschiedenen Türschlüsseln gefüllt ist. Sie sehen vielleicht alle sehr ähnlich aus, aber jeder einzelne Schlüssel ist hergestellt worden, um eine bestimmte Tür zu öffnen. Wenn du versuchst, die richtige Tür mit dem falschen Schlüssel zu öffnen, dann wird das nicht funktionieren. Versuche es ruhig mal! ;-)
Du bist wie einer dieser Schlüssel. :-o Ich habe dich so gestaltet, dass du ganz besondere Dinge tust, die kein anderer tun kann. Es gibt besondere «Türen», die du öffnen sollst. Es gibt bestimmte Aufgaben, die du für mein Reich tun sollst. Du bist nicht irgendein Unfall oder ein Zufall, der irgendwann mal passiert ist. Lange bevor du geboren wurdest, wusste ich ganz genau, wie ich dein Leben gestalten und einsetzen wollte. Gib mir dein Leben, Kid. Nichts auf der Welt wird dich glücklicher machen. :-)
Der Schlüsselmacher,
>Gott

Mehr als du erbittest

Gott aber kann viel mehr tun, als wir jemals von ihm erbitten oder uns auch nur vorstellen können. So groß ist seine Kraft, die in uns wirkt.

Epheser 3,20

Hallo, E-Mail für dich!
>Hast du dir schon einmal etwas so sehr zum Geburtstag gewünscht, dass du dachtest, du müsstest sterben, wenn du es nicht bekommst? ;-) Und als du es dann tatsächlich hattest, war es dir wahrscheinlich schon nach ein paar Wochen wieder langweilig. Weißt du, warum das passiert ist? Weil du manchmal gar nicht weißt, was du wirklich möchtest und brauchst. Und weil du nicht weißt, was für dich das Beste ist. :-o
Aber ich weiß es. Weil ich dich geschaffen habe, kann ich dir genau das geben, was du möchtest und brauchst. Ich weiß, was gut für dich ist. Ich kann sogar noch viel bessere Dinge für dich tun, als du dir jemals erträumen oder erbitten würdest. Also habe keine Angst zu beten: «Vater, ich weiß nicht, worum ich bitten soll. Dann gib du mir doch, wovon du weißt, dass es gut für mich ist.» Solch ein Gebet erhöre ich liebend gern.
Der, der dich kennt wie kein anderer, :-)
>Gott

Brunnen Verlag 11:55 100%

Wie Geld auf der Bank

Aber ihr müsst standhaft bleiben und tun, was Gott von euch erwartet. Er wird euch alles geben, was er zugesagt hat.

Hebräer 10,36

Hallo, wie geht es dir heute?
>Meine Versprechen an dich sind dein Erbe. Sie sind wie Geld, das auf der Bank unter deinem Namen im Safe liegt. Aber wie bekommst du diese Versprechen aus dem Safe der Bank heraus und in dein Leben hinein?
Zuerst einmal musst du herausfinden, was ich dir auf dein Konto eingezahlt habe. Dazu lies die Worte der Verheißungen in der Bibel. (Bei Lukas 1,37 steht beispielsweise: «Für Gott ist nichts unmöglich.»)
Dann kannst du einen Scheck ausschreiben. Um das zu tun, musst du glauben, was du liest. (Glaube zum Beispiel das, was da bei Lukas steht: «Für Gott ist nichts unmöglich.»)
Und am Ende kannst du die Verheißungen ausgeben. Dazu musst du selbst etwas tun. (Nämlich mir vertrauen, dass ich dir helfe, etwas zu erreichen, was dir vorher unmöglich schien.)
Entdecke, wie aufregend es ist, wenn du meinen Versprechen vertraust. :-o
Der, der seine Versprechen hält, :-)
>Gott

Ich will deinen Tag gestalten

Schon früh am Morgen bringe ich dir ein Opfer und bete, weil ich weiß: du hörst mich. Gib mir doch Antwort!

Psalm 5,4

Hi, du hast wieder Post!
>Was ist das Wichtigste, das du morgens tun kannst? Nein, nicht frühstücken oder Zähne putzen oder deine Haare kämmen. Auch nicht die letzten Hausaufgaben noch ruckzuck erledigen oder die Schuhe putzen. Das Wichtigste, was du tun kannst, ist: Zeit mit mir zu verbringen. :-)
Noch bevor du deine Decke zurückschlägst und deine Füße auf den Boden stellst, denke an mich. Rede mit mir. Sage: «Guten Morgen, Gott.» Lass mich wissen, dass du mich lieb hast. Sag mir, was du brauchst. Möchtest du eine gute Note in der Arbeit schreiben? Möchtest du einen neuen Freund finden? Hast du Schwierigkeiten mit deinem Bruder oder deiner Schwester? Fühlst du dich allein? Oder schlapp? Oder aufgedreht? Mir ist wichtig, was dir wichtig ist. Sprich morgens als Erstes mit mir, und lass mich deinen Tag zu einem tollen Tag machen.
Dein Vater und Freund, :-)
>Gott

Stütz dich auf mich

Wer jedoch dem Herrn vertraut, den wird Gottes Güte umgeben.
Freut euch an ihm und jubelt laut, die ihr zum Herrn gehört!

Psalm 32,10–11

Ey, ich grüße dich!

>Wenn jemand Schwierigkeiten mit dem Gehen hat, dann stützt er sich manchmal auf eine Krücke. Die Krücke hilft ihm, das Gleichgewicht zu halten, damit er gehen kann und nicht umfällt. Eine Krücke ist eine sinnvolle Sache, keine Frage.

Auf gewisse Weise kann meine Liebe für dich auch wie eine Krücke sein. Sie ist immer genau neben dir, so dass du dich auf sie stützen und aufrecht und geradeaus gehen kannst. Wenn du dich auf meine Liebe stützt, dann kannst du Dinge bewältigen, die dich sonst zum Stolpern bringen würden. Du wirst ein tadelloses, starkes Leben leben, auf das wir beide stolz sein werden. Also vertraue mir. Ich bin jeden Tag mit dir, egal, was auf dich zukommt. Stütze dich auf meine Liebe, und ich werde dich nicht fallen lassen. Ich habe einen starken Arm! Verlass dich drauf. :-o

Der Herr der unerschöpflichen Liebe, :-)

>Gott

Brunnen Verlag 11:55 100%

Lass dich nicht ärgern

O Herr, überall bedrängen mich Feinde! So viele haben sich gegen mich verschworen ... Aber du, Herr, nimmst mich in Schutz.

Psalm 3,2 und 4

Hast du etwas Zeit für mich?
>Vielleicht hörst du andere Kinder sagen, dass ich nicht echt bin. Oder dass es mich gar nicht gibt. Manche von ihnen sagen vielleicht, du seist dumm, dass du an mich glaubst, weil ich dir gar nicht helfen könne. Aber ich möchte, dass du mich so gut kennst, dass dich diese anderen Kinder gar nicht interessieren und ärgern können.
Und das musst du dazu tun: Wenn du solche Reden hörst, dann bete einfach leise zu mir. Sage: «Vater, ich weiß, dass du echt und völlig real bist, und ich weiß, dass du mir helfen kannst. Beschütze mich wie ein Schild, damit ihre Worte abprallen und mich nicht verletzen. Hilf mir, dass ich mich nicht über die Kinder ärgere, die dich noch nicht kennen. Zeige mir, wie ich für sie beten kann.» Wenn du mich um diese Dinge bittest, dann werde ich dich hören und dein Gebet zum Segen verwandeln.
Dein undurchlässiger Schild, :-)
>Gott

Brunnen Verlag 11:55 100%

Zeig mir, dass du etwas tust

Deshalb, meine Kinder, lasst uns einander lieben: nicht mit leeren Worten, sondern mit tatkräftiger Liebe und in aller Aufrichtigkeit.

1. Johannes 3,18

Schalom, Kid!
>Was für einen Menschen respektierst du eigentlich am meisten? Den, der davon redet, den Armen Geld zu geben, oder den, der es wirklich tut? Den, der davon redet, Menschen in Not zu helfen, oder den, der Menschen in Not wirklich hilft? Das Plappermaul oder den, der auf seine Worte Taten folgen lässt? Menschen, die ihre Worte durch Taten unterstützen, beeindrucken mich persönlich viel mehr. Viel zu reden hat noch niemandem geholfen. Schau mal: Du könntest dich auf die Kanzel der größten Kirche der Welt stellen und eine tolle Predigt über die Liebe halten. Aber wenn du andere Menschen nicht lieb hast und ihnen das auch zeigst, dann würde mich deine Predigt nicht beeindrucken. Also zeige mir mehr als nur bloße Worte. Zeig mir, dass du etwas tust! Okay?
Dein Vater, der dich lieb hat, :-)
>Gott

Brunnen Verlag 11:55 100%

Erzähle heute jemandem davon

Gott, mit unseren eigenen Ohren haben wir's gehört; unsere Väter haben uns erzählt, was für große Taten du zu ihrer Zeit vollbracht hast ...

Psalm 44,2

Hallo, hier bin ich wieder!
>Du brauchst nicht die Bibel auswendig zu lernen, im Kirchenchor zu singen oder den Kindergottesdienst zu leiten, damit mein Reich wächst. Logo, das sind alles gute Sachen, aber es gibt einen ganz einfachen Weg, deinen Glauben zu verbreiten. Nämlich den Menschen um dich herum zu erzählen, welche guten Dinge ich in deinem Leben tue.
Habe ich ein Gebet von dir erhört? Dann behalte das nicht für dich. Erzähle es jemandem. Habe ich eine Freundschaft gekittet, die zerbrochen war? Lass es jemanden wissen. Habe ich dir geholfen, bei einer Sache die richtige Entscheidung zu treffen? Erzähle einem Freund alles darüber. Erzähle die kleinen Wunder weiter, die ich in deinem Leben wirke. Mein Reich wächst immer, wenn meine Leute weitererzählen, wer und wie ich bin. :-)
Erzähle heute jemandem von mir,
>Gott

Brunnen Verlag 11:55 100%

Mehr als ein normaler Freund

Entsetzt und erstaunt fragten sich die Jünger untereinander: «Was ist das für ein Mensch? Selbst Wind und Wellen gehorchen ihm, wenn er es befiehlt!»

Lukas 8,25

Na, geht es dir gut?
>Die meiste Zeit hat sich Jesus wie ein ganz normaler Mensch verhalten. Darum dachten seine Freunde manchmal auch von ihm, er wäre «einfach einer von ihnen». Aber ab und zu tat er etwas so Wunderbares, dass es sie aufrüttelte. :-o
Das geschah auch eines Tages, als sie mit einem kleinen Boot draußen auf dem See waren und ein schwerer Sturm aufkam. Seine Freunde hatten große Angst, aber Jesus befahl dem Sturm mit ruhiger Stimme, sich zu legen. Und er tat es! :-o
Jesus möchte dein bester Freund sein, der Freund, mit dem du über alles sprechen kannst. Aber vergiss niemals: Er ist viel mehr als ein normaler Freund. Er ist mein Sohn. Er kann mächtige und wunderbare Dinge in deinem Leben tun. Vertraue ihm, und er wird es tun. Und nur dass du's weißt: Stürme sind seine Spezialität!
Der Leuchtturm im Sturmgebiet, :-)
>Gott

Brunnen Verlag 11:55 100%

Lass deinen Glauben strahlen

Man zündet ja auch keine Öllampe an und stellt sie unter einen Eimer. Im Gegenteil: Man stellt sie so auf, dass sie allen im Haus Licht gibt. Genauso soll euer Licht vor allen Menschen leuchten. Sie werden eure guten Taten sehen und euren Vater im Himmel dafür loben.

Matthäus 5,15–16

Hey, ich kann's nicht lassen!
>Es wäre doch ziemlich blöd, wenn man nachts eine Lampe anmacht und dann einen Eimer darüber stülpt. Der Eimer würde den Lichtschein abdämpfen, und du wärst immer noch im Dunkeln. ;-)
Wenn ich in deinem Herzen lebe, dann erhelle ich dein Leben mit meiner Liebe. Ich möchte in dir strahlen, damit die Leute, die du kennst, mich in deinem Leben erkennen. Dann werden einige von ihnen mich auch kennen lernen wollen, so wie du mich kennst.
Und darum lerne, deinen Glauben strahlen zu lassen. Du musst nicht damit angeben oder einen auf superfromm oder super-gut-drauf machen. Sei einfach du selbst. Sei der Mensch, den ich lieb habe. Kümmere dich um andere. Und schon bald wird das Licht, das du hast, auch in ihren Herzen zu leuchten beginnen.
Der Lampenanzünder, :-)
>Gott

Spiel nicht den großen «Macker»

Seht auf Jesus Christus: Obwohl er in göttlicher Gestalt war, hielt er nicht selbstsüchtig daran fest, Gott gleich zu sein. Nein, er verzichtete darauf und wurde einem Sklaven gleich: Er nahm menschliche Gestalt an und wurde wie jeder andere Mensch geboren.

Philipper 2,5–7

Grüß dich!
>Jesus hätte eines Tages mit einer glänzenden Krone auf dem Kopf auftauchen und sagen können: «Verbeugt euch mal alle, der König des Himmels ist gekommen!» Aber so war er nicht. Er kam als kleines, schwaches Baby. Er wuchs wie ein ganz normaler Junge in einer ganz normalen Stadt auf. Er arbeitete in der Werkstatt seines Vaters Josef. Später, als er von zu Hause wegging, zog er auf dem Land umher und lehrte ganz normale Männer und Frauen von meiner Liebe und meinem Reich. Jesus war nicht eingebildet oder hochnäsig, obwohl er jeden Grund dazu gehabt hätte. Er war demütig. :-o
Ich wünsche mir, dass du wie Jesus bist. Spiel nicht den großen «Macker». Sei demütig und kümmere dich um andere Menschen. Je mehr du wie Jesus lebst, umso mehr wirst du mich ehren.
Der Herr der demütigen Herzen, :-)
>Gott

Brunnen Verlag 11:55 100%

Es ist einfach, aber nicht leicht

Aber die hier aufgezeichneten Berichte wurden geschrieben, damit ihr glaubt, dass Jesus der versprochene Retter und der Sohn Gottes ist. Wenn ihr ihm vertraut, habt ihr durch ihn das ewige Leben.

Johannes 20,31

Hi, du hast wieder Post!
>Christ werden ist nicht schwer. Jeder Mensch jeden Alters kann das tun. Glaubst du, dass Jesus mein Sohn ist, der auf die Erde gekommen ist, um den Menschen ihre Sünden zu vergeben? Möchtest du, dass deine Sünden vergeben werden? Wenn du diese Fragen mit Ja beantworten kannst, dann kannst du Christ sein. :-o
Auch wenn es einfach ist, Christ zu werden, kann es ganz schön schwer sein, als Christ zu leben. Es ist schwer, sich für das einzusetzen, was richtig ist, wenn alle anderen etwas Falsches tun. Es ist schwer, nett zu den Menschen zu sein, die einen nicht mit Respekt behandeln. Es ist schwer, dort mein Kind zu sein, wo die Menschen nicht an mich glauben oder nicht nach meinem Wort leben.
Aber hier ist die gute Nachricht: Wenn du die einfache Entscheidung triffst, Christ zu werden, dann bin ich bei dir und werde dir helfen, auch als Christ zu leben. Selbst in den schweren Momenten!
Dein Vater und Freund, :-)
>Gott

Brunnen Verlag 11:55 100%

Ich kann alles neu machen

Der auf dem Thron saß, sagte: «Sieh, ich schaffe alles neu!» Und mich forderte er auf: «Schreib auf, was ich dir sage, alles ist zuverlässig und wahr.»

Offenbarung 21,5

Ich muss dich mal was fragen:
>Hast du schon einmal das Gefühl gehabt, dass du etwas so schlimm vermasselt hast, dass es keine Möglichkeit gab, es wieder gradezubiegen? Vielleicht war es ein Freund, den du im Stich gelassen hast, eine Arbeit, die du verhauen hast, oder ein Sportfest, wo nichts geklappt hat. Puh! >:-(
Egal, wie schlimm etwas zu sein scheint, ich möchte, dass du etwas weißt: Mit mir kannst du es nie ganz vermasseln. Ich werde nie zu dir sagen: «So, das war's. Jetzt hast du es geschafft. Wir sind fertig miteinander.» Siehst du, ich bin der Gott, der die Macht hat, alles neu zu machen. Ich kann jedem gescheiterten Versuch neues Leben einhauchen, egal, wie groß oder wie klein er ist. Und dann kannst du's noch mal probieren. Alles, was du zu tun hast, ist, dass du mir sagst, was du falsch gemacht hast. Und dann vergebe ich dir. Dann kannst du ganz neu anfangen. Also bring deine Fehler und dein Versagen zu mir, und ich werde dir helfen, neu anzufangen.
Der Herr des neuen Anfangs, :-)
>Gott

Brunnen Verlag 11:55 100%

Keiner kann sie ausblasen

Weder Tod noch Leben, weder Engel noch Dämonen, weder Gegenwärtiges noch Zukünftiges, noch irgendwelche Gewalten, weder Hohes noch Tiefes oder sonst irgendetwas können uns von der Liebe Gottes trennen, die er uns in Jesus Christus, unserem Herrn, schenkt.

Römer 8,38–39

Mein Friede sei mit dir!
>Hast du schon einmal welche von diesen Trickkerzen auf deinem Geburtstagskuchen gehabt, die immer weitergebrannt haben? Egal, wie fest du geblasen hast, immer wieder entzündeten sich diese kleinen Flammen, und alle hatten einen Riesenspaß daran. :-)
Siehst du, meine Liebe zu dir ist wie diese Kerzen, nur ist sie viel mächtiger. Nichts kann sie ausblasen. Meine Liebe ist das Einzige in deinem Leben, das für immer andauert. Im Himmel oder auf der Erde ist keine Macht, die mein Herz davon überzeugen könnte, dich nicht mehr zu lieben. Die Zeit vergeht, das Leben wandelt sich, Länder steigen auf und fallen, Stürme tosen, Winde blasen. Sogar dein Leben auf der Erde geht einmal zu Ende. Aber die Flamme meiner Liebe wird immer weiterbrennen. Sie erleuchtet deinen Weg in den Himmel. :-)
Die Liebe, die immer bleibt, die «Wunderkerze»,
>Gott

Komm, geh mit mir

Am nächsten Morgen stand Jesus vor Tagesanbruch auf und zog sich an eine einsam gelegene Stelle zurück, um dort allein zu beten.

Markus 1,35

Hallo, sieh mal in deiner Mailbox nach!
>Hast du schon einmal versucht, mit einem engen Freund über etwas Wichtiges zu sprechen, während der Fernseher lief und ständig diverse Leute hereingekommen und wieder gegangen sind? Es ist schwierig, sich in solch einem Durcheinander und Lärm zu unterhalten. Wenn du mit deinem Freund oder deiner Freundin sprechen willst, dann solltest du besser an einen Ort gehen, wo es ruhig ist. Dann seid ihr ungestört. Und dann kannst du zuhören und verstehen. :-)
Ich bin dein engster Freund. Ich möchte dir wichtige Dinge erzählen. Ich möchte dir helfen, Entscheidungen zu treffen. Ich möchte dir von den Aufgaben erzählen, die ich für dich habe. Aber wenn du immer nur von Leuten und von Lärm und von Sound umgeben bist, dann wirst du meine Worte nicht verstehen können. Und darum tu das, was Jesus getan hat. Geh an einen stillen Ort und hör zu.
Dein Freund, der im Stillen mit dir reden möchte,
>Gott

Schließ dich an

Du verleihst Reichtum und Ehre, du allein bist der Herr. In deiner Hand sind Macht und Stärke; du kannst Menschen groß und mächtig machen.

1. Chronik 29,12

Hast du schon mal daran gedacht?
>Stell dir vor, du hast ein Haus – prima verkabelt mit elektrischen Leitungen und voll gestopft mit vielen tollen Elektrogeräten. Du weißt schon, Hifi-Anlage, Mikrowelle, Fernseher und so'n Zeug. Aber wenn dieses Haus nicht an das Stromnetz angeschlossen ist und auch keinen Generator oder Solarzellen hat, dann taugen alle deine schönen Geräte nur zum Anschauen. Sie funktionieren nicht. Punkt. ;-)
Genauso ist es, wenn bei dir alles schön aussieht: Du bist gut in der Schule, bist geschickt und beliebt – aber wenn du gar nicht weißt, wer dir alle diese Dinge gegeben hat, dann ist das alles nur für deinen eigenen Stolz gut. Ich habe dich auf eine bestimmte Art verkabelt, und dazu gehört auch, dass du an mich, deine Kraftquelle, angeschlossen wirst. Wenn du mich erst einmal findest und mich kennen gelernt hast, dann wirst du beginnen, Dinge über dich wahrzunehmen und zu verstehen, die schon die ganze Zeit dagewesen sind. Nur waren sie nicht angeschaltet. Also: Schließ dich an mich an.
Der Strom in deinem Lebenshaus, :-)
>Gott

ııııl Brunnen Verlag 11:55 100%

Sei echt bei mir

Ich bin zerknirscht und verzweifelt über meine schwere Schuld.
Solch ein Opfer gefällt dir, du wirst es nicht ablehnen.

Psalm 51,19

Na, alles klar?
>Gibt es einen Menschen in deinem Leben, zu dem du hundertprozentig ehrlich sein kannst? Vielleicht ist das deine Mama oder dein Jugendpfarrer oder ein Freund, dem du vertraust. Bei diesem Menschen musst du nicht so tun, als ob du glücklich wärst, wenn du es gar nicht bist. Da musst du dich weder verstellen noch anders geben.
Ich sehne mich nach dem Tag, an dem ich für dich so ein Freund sein darf. Ich möchte nicht, dass du mir gegenüber nach außen ein fröhliches Gesicht aufsetzt, wenn dir innen drin alles wehtut. Ich möchte deine wahren Gefühle sehen, weil sie mir wichtig sind. Ich möchte, dass du bei mir echt bist. Lass mich derjenige sein, der dir die Tränen trocknet und deinen Kummer heilt. Lass mich der sein, dem du vertraust. :-)
Dein Heiler und Freund,
>Gott

Brunnen Verlag 11:55 100%

Der kleine große Unterschied

Wenn ich in Gottes Auftrag prophetisch reden kann, alle Geheimnisse Gottes weiß, seine Gedanken erkennen kann und einen Glauben habe, der Berge versetzt, aber ich habe keine Liebe, so bin ich nichts.

1. Korinther 13,2

Ich hab dich nicht vergessen!
>Eine sehr weise Frau mit Namen Mutter Teresa hat einmal gesagt: «Wir können keine großen Dinge in dieser Welt tun. Wir können nur kleine Dinge mit großer Liebe tun.» :-)

Wenn du mal das Gefühl hast, du könnest keine großen, wichtigen Dinge für mich tun, dann mach dir deswegen keinen Stress. Ich brauche keine großen Leistungen von dir. Stattdessen möchte ich, dass du ein demütiges, liebevolles Herz hast. Ich möchte, dass du durch jeden Tag gehst und bereit bist, kleine, liebevolle Dinge zu tun; Dinge halt, die im Leben anderer Leute einen Unterschied machen, die ihr Leben besser machen.

Ist vielleicht ein Kind in deiner Klasse, das Hilfe bei den Hausaufgaben braucht? Erkläre dich bereit, ihm zu helfen. Wirkt deine Mama frustriert und überarbeitet? Hilf ihr doch heute Abend in der Küche. Kleine Dinge mit großer Liebe getan – das macht einen riesengroßen Unterschied.

Der Herr der liebevollen Herzen, :-)
>Gott

Brunnen Verlag 11:55 100%

Gib nicht auf

Die Regenzeit liegt hinter uns, der Winter ist vorbei! Die Blumen beginnen zu blühen, die Vögel zwitschern ... die Reben blühen und verströmen ihren Duft. Steh auf ... und komm!

Hoheslied 2,11–13

Hi, da bin ich wieder!
>In deinem Land ist es leicht, die Jahreszeiten zu unterscheiden. Im Winter scheint alles tot und für immer verloren zu sein. Die Blätter fallen von den Bäumen. Die Blumen verwelken. Die Tage werden kürzer. Aber mit der Zeit beginnt alles wieder neu aufzuleben. Grüne Knospen erscheinen an den Zweigen. Die Blumen stoßen wieder durch die Erde hervor. Und bald übernimmt der Frühling wieder die Herrschaft.
Auch dein Herz durchläuft Jahreszeiten. Wenn du traurig bist, dann fühlt es sich vielleicht an, als ob in deinem Herzen Winter ist. Ich kann richtig spüren, wie deine Hoffnung und Freude verwelkt. :,-(Aber gib nicht auf! Ich verspreche dir, dass der Frühling nicht lange auf sich warten lässt. Ich will dich durch den Winter deines Herzens in eine neue Jahreszeit von Hoffnung und Fröhlichkeit führen. :-)
Der Herr aller Jahreszeiten,
>Gott

Brunnen Verlag 11:55 100%

Du findest mich oben!

Ich schaue hinauf zu den Bergen – woher kann ich Hilfe erwarten? Meine Hilfe kommt vom Herrn, der Himmel und Erde gemacht hat!

Psalm 121,1–2

Wieder mal 'ne Mail von mir!
>An jedem Tag deines Lebens hast du die Wahl. Du kannst mit hängendem Kopf herumlaufen, die Augen auf die Erde gerichtet, und das Leben miserabel und bedrückend finden. Du kannst aber auch hochsehen. Du kannst die Bäume, den Himmel und die Wolken ansehen. Du kannst dich daran erinnern, wer all diese wunderschönen Dinge gemacht hat, und du kannst das Leben gut und fantastisch finden. :-)
Du hast die Wahl. Du kannst eine schlechte Einstellung und ein undankbares Herz haben. Du kannst aber auch eine positive Einstellung haben und dankbar sein. Du kannst darüber nachdenken, was nicht richtig läuft, und du kannst deswegen verbittert werden. Du kannst aber auch über die schönen und guten Dinge des Lebens nachdenken und mir dafür danken.
Ich rate dir aufzusehen, Kid. Es lebt sich besser so! Und du machst mir Freude damit.
Sieh hoch zu mir, :-)
>Gott

Ich gab dir das Beste

Gott hat seinen eigenen Sohn nicht verschont, sondern ihn für uns alle dem Tod ausgeliefert. Sollte er uns da noch etwas vorenthalten?

Römer 8,32

Hallo, deine Meinung ist gefragt!
>Bin ich ein guter Gott? Darauf kannst du wetten! Denk einfach mal darüber nach. Sieh mal, was ich dir schon alles gegeben habe. Ich habe dir einen wunderschönen Planeten als dein Zuhause gegeben. Klar, manchmal verschmutzen ihn die Leute und werfen Müll darauf. Aber du musst doch zugeben: Die Basisversion meiner Schöpfung ist doch hervorragend. ;-)
Ich habe dir freie Luft zum Atmen gegeben und Lungen, die selbstständig arbeiten können. Du brauchst nicht zu sagen: «Jetzt will ich atmen. Ein, aus, ein, aus.» Nein, ich habe dich mit einer automatischen «Atemvorrichtung» geschaffen, die dich im Sekundentakt am Leben erhält. :-o
Aber das Beste von allem ist, dass ich dir meinen vollkommenen Sohn geschenkt habe, Jesus, der für dich lebte und starb, so dass du dich mit mir anfreunden kannst. Ich habe dir schon das Beste gegeben, Kid. Meinst du nicht, du könntest mir vertrauen, dass ich dir auch noch alles andere geben werde, was du brauchst?
Der Erfinder dieser Welt, :-)
>Gott

Brunnen Verlag 11:55 100%

Ich beschütze dich

Gott ist unsere Zuflucht und Stärke, ein bewährter Helfer in Zeiten der Not. Darum fürchten wir uns nicht, selbst wenn die Erde erbebt, wenn die Berge wanken und in den Tiefen des Meeres versinken.

Psalm 46,1–3

Ich muss dich noch mal was fragen:
>Hast du schon einmal einen Hollywood-Film über eine schreckliche Katastrophe gesehen? Vielleicht war es ja eine riesige Flutwelle oder gar ein Vulkan-Ausbruch oder ein Affe, der größer war als ein Hochhaus. ;-) Manchmal ist ein Film so echt, dass du dir gut vorstellen kannst, wie diese Katastrophe in Wirklichkeit sein könnte. Du kannst beinahe spüren, wie Angst die Herrschaft über dich bekommt. :-o Aber ich habe gute Neuigkeiten für dich. Selbst wenn die schlimmste Katastrophe Wirklichkeit werden würde, bräuchtest du nichts zu befürchten. Selbst wenn die Erde auseinanderbrechen würde und die Berge in Stücke zerfielen, bei mir bist du sicher. Ich habe die Erde und die Meere gemacht. Ich habe auch die Vulkane und die Affen gemacht. Ich habe über alles die totale Kontrolle. Du brauchst dir also keine Gedanken zu machen. Ich beschütze dich.
Dein bester Freund, :-)
>Gott

Brunnen Verlag 11:55 100%

Sei ein Friedensstifter

Glücklich sind, die ein reines Herz haben, denn sie werden Gott sehen. Glücklich sind, die Frieden stiften, denn Gott wird sie seine Kinder nennen.

Matthäus 5,8–9

Hallo, ich bin's wieder!
>Die Welt kann ein Ort voller Streithähne und Raufbolde sein. Länder erklären einander wegen Nichtigkeiten den Krieg. Freundschaften zerbrechen wegen der kleinsten und unwichtigsten Dinge. Wegen Lappalien. Das kommt daher, weil viele Leute glauben, dass es viel wichtiger sei, im Recht zu sein, als Frieden zu haben. Aber schau mal: Du kannst dein ganzes Leben damit verbringen, im Recht zu sein, und du hast dabei doch keinen Augenblick Frieden. :,-(
Ich wünsche mir ein besseres Leben für dich. Ich möchte, dass du ein Friedensstifter wirst. Je mehr du mich kennst, desto mehr wirst du verstehen, wie man Liebe und Frieden mitten in die Streitigkeiten und in die Kampffelder hineinbringt. Ich will dir helfen, so demütig zu sein, dass dir mein Friede wichtiger wird als dein eigener Stolz, der immer nur Recht haben will. Wenn du ein Friedensstifter wirst, dann wirst du wirklich als mein Kind leben.
Der den Frieden liebt, :-)
>Gott

Brunnen Verlag 11:55 100%

Keine Zeit verlieren

[Da sah Jesus] zwei Brüder: Simon, der später Petrus genannt wurde, und seinen Bruder … Da forderte Jesus sie auf: «Kommt mit mir! Ich will euch zeigen, wie ihr Menschen für Gott gewinnen könnt.» Sofort ließen die beiden Männer ihre Netze liegen und gingen mit ihm.

Matthäus 4,18–20

Schalom, Friede sei mit dir!
>Jesus hat viele Leute aufgefordert, ihm zu folgen. Einige von ihnen folgten ihm nicht, weil sie viel zu beschäftigt waren. Andere folgten ihm nicht, weil sie fürchteten, ein Leben mit Jesus wäre schwer und unangenehm. Wieder andere folgten ihm nicht, weil sie ihre gewohnte Lebensweise keinesfalls aufgeben wollten. >:-(
Aber Andreas und Petrus verloren keine Zeit. Im gleichen Augenblick, in dem Jesus sie am See Genezareth aufforderte, ihm zu folgen, gingen sie mit ihm. :-o
Wie steht es mit dir? Hast du die Einladung meines Sohnes Jesus schon gehört? Bist du zu beschäftigt mit deinen Freunden, oder hast du zu viel für die Schule zu tun, um ihm folgen zu können? Hast du Angst, dass es zu schwer werden könnte, Jesus zu folgen? Hängst du zu sehr an deinem Leben, so wie es jetzt ist? Ich verspreche dir dies: Es gibt kein größeres Abenteuer auf der Welt, als Jesus zu folgen. Andreas und Petrus haben das herausgefunden. Du kannst das auch. Folge meinem Sohn.
Der Herr aller Abenteuer, :-o
>Gott

Brunnen Verlag 11:55 100%

Komm in die große Familie

Denn wer den Willen meines Vaters im Himmel tut, der ist mein Bruder, meine Schwester und meine Mutter.

Matthäus 12,50

Hast du das schon gewusst?
>Jesus hat eine riesengroße Familie. Er hat Brüder und Schwestern in verschiedenen Ländern auf der ganzen Welt. Diese Brüder und Schwestern sehen vielleicht nicht so aus wie er. Ihre Haut ist schwarz, weiß, rot oder gelb. Ihre Augen sind braun, grau, blau oder grün. Sie sind groß oder klein, dick oder dünn, bekannt oder unbekannt. Aber sie haben alle eines gemeinsam: Sie haben sich dafür entschieden, Jesus als ihrem Herrn zu vertrauen. Sie haben sich entschieden, jeden Tag die Dinge so zu tun, wie er sie tun würde.
Wenn du zur Familie von Jesus gehörst, dann hast du die Garantie, dass du niemals allein sein wirst. Mein Sohn Jesus wird in deinem Herzen leben, mein Heiliger Geist wird dich leiten, und ich werde mit meiner Liebe über dich wachen. Und du kannst dich freuen, dass du überall, wo du hingehst, Brüder und Schwestern kennen lernst. :-)
Der Vater dieser großen Family, :-)
>Gott

Jesus «in Verkleidung»

Das will ich euch sagen. Was ihr für einen meiner geringsten Brüder getan habt, das habt ihr für mich getan!

Matthäus 25,40

Na, wie geht es dir heute?
>Würde es dich überraschen, wenn ich dir erzähle, dass du Jesus jeden Tag sehen könntest? Das stimmt! Wie das gehen soll? Jesus hat seinen Freunden gesagt, wenn sie freundlich zu einsamen Menschen sind, dann sind sie freundlich zu ihm, zu Jesus. Wenn sie hungernden Menschen zu essen geben, dann geben sie ihm, Jesus, zu essen. Wenn sie Kranke besuchen, dann besuchen sie ihn, Jesus. Wenn sie jemanden zu sich nach Hause einladen, der keine Freunde hat, dann laden sie ihn ein, Jesus. Ja, so ist das! :-o
Jesus leidet mit Menschen, die leiden. Er spürt ihren Hunger und ihre Einsamkeit. Er spürt ihren Kummer. Wenn du also einem von ihnen hilfst, dann ist Jesus ganz nah bei dir. Es ist so, als ob der notleidende Mensch in Wirklichkeit Jesus in Verkleidung wäre. Versuche es immer auf diese Art zu sehen. Dann wirst du Segen erfahren.
Ich bin immer für dich da, :-)
>Gott

Brunnen Verlag 11:55 100

Befolge diese Regel

So wie ihr von den Menschen behandelt werden möchtet, so behandelt sie auch. Denn das ist die Botschaft des Gesetzes und der Propheten.

Matthäus 7,12

Hallo, du!
>Ich hoffe, dass du dich inzwischen entschieden hast, für mich zu leben. Aber vielleicht denkst du ja auch: «Wie kann Gott von mir erwarten, dass ich alles tue, was er will? Ich kenne doch alle seine Regeln gar nicht. Ich kenne doch die Bibel nicht auswendig.» Pass mal auf. Ich erwarte doch gar nicht von dir, dass du die ganze Bibel auswendig lernst. Ich sage dir aber gern, wie du immer sicher sein kannst, dass du die Dinge auf meine Weise tust: Behandle andere Leute so, wie du von ihnen behandelt werden möchtest. Würde es dir gefallen, wenn dein Freund oder deine Freundin etwas mit dir teilt? Dann teile auch deine Sachen mit ihm oder ihr. So einfach ist das. Denke einfach: «Wie möchte ich, dass sich andere Leute mir gegenüber verhalten?» Und dann verhalte dich genauso ihnen gegenüber. Das nennt man die «Goldene Regel», und die funktioniert wirklich.
Probier es doch mal aus. Du wirst es sehen.
Der Erfinder der «Goldenen Regel», :-)
>Gott

Brunnen Verlag 11:55 100%

Nimm die schmale Straße

Geht durch das enge Tor! Denn das Tor zum Verderben ist breit und ebenso der Weg dorthin! Viele Menschen gehen ihn. Aber das Tor, das zum Leben führt, ist eng, und der Weg dorthin ist schmal. Deshalb finden ihn nur wenige.

Matthäus 7,13–14

Hi, da bin ich wieder!
>Stell dir einmal vor, du würdest zwei Straßen sehen: Eine ist breit und bequem zu gehen, und du siehst dort viele Leute, die richtig Spaß haben. Aber am Ende der Straße ist eine große Schlammgrube, wo die Leute hineinfallen und stecken bleiben. Die andere Straße ist schmal. Sie ist viel schwieriger zu begehen und nicht so belebt. Aber am Ende dieser Straße ist ein wunderbares Königreich, wo Jesus mit offenen Armen auf dich wartet. :-o
Wenn du die Wahl hättest, dann würdest du natürlich die Straße mit dem guten Ende wählen, oder? Aber viele Leute gehen auf der Straße zur Schlammgrube, weil sie gar nicht sehen können, wo sie aufhört. :,-(
Für mich zu leben, heißt auf der schmalen Straße zu gehen. Manchmal kann das ganz schön schwer werden. Aber wenn du erst einmal in meinem Reich angekommen bist, dann wirst du sehen, dass es sich gelohnt hat.
Nimm die schmale Straße: Ich warte dort! :-)
>Gott

ııll Brunnen Verlag 11:55 100%

Zieh ein neues Leben an

Hört auf, euch gegenseitig zu belügen. Ihr habt doch euer früheres Leben ... wie alte Kleider abgelegt. Jetzt habt ihr neue Kleider an ... Darum sollt ihr euch untereinander auch herzlich lieben mit Barmherzigkeit, Güte, Bescheidenheit, Nachsicht und Geduld.

Kolosser | 3,9–10 und 12

Ich habe eine Bitte an dich:
>Ich möchte, dass du deine falschen, negativen Verhaltensweisen ausziehst. Wie das geht? Etwa so, wie du schmutzige alte Kleider ausziehst. Zieh deine schlechte Laune, deine Gemeinheit und deine Lügen aus, und dann wirf sie ins Feuer.
Ich will dir eine neue Art zu leben schenken. Sie wird wie neue Kleider sein, die du anziehst. Zieh Liebe und Freundlichkeit, Demut und Stärke an. Wenn du diese neuen «Kleider» anziehst, dann kleidest du dich genau wie Jesus. :-)
Weißt du, zuerst kommen dir deine neuen Kleider wahrscheinlich ein bisschen unbequem vor. Du denkst vielleicht, dass sie dir nie richtig passen werden. Aber zieh deinem Herzen ruhig weiter diese neuen Verhaltensweisen an, die Jesus so ähnlich sind, und mit der Zeit werden sie dir perfekt passen. Diese Kleider wurden für dich gemacht! :-)
>Gott

Brunnen Verlag 11:55 100%

Ich bin hier – lebendig und echt

Denn das Herz dieses Volkes ist hart und gleichgültig. Sie sind schwerhörig und verschließen die Augen. Deshalb sehen und hören sie nicht. Sie sind nicht einsichtig und wollen nicht zu mir umkehren, darum kann ich ihnen nicht helfen und sie heilen!

Apostelgeschichte 28,27

Hallo, E-Mail für dich!
>Ab und zu wundere ich mich schon, wie störrisch manche Leute sein können. Sie setzen sich in den Kopf, dass es keinen Gott gibt. Und sie weigern sich sogar, die Beweise dafür zu sehen, dass es mich eben trotzdem gibt. Meine Gegenwart in der Welt ist doch so offensichtlich, dass sie sich dauernd etwas in die Ohren stopfen müssen, damit sie die Wahrheit nicht hören. Sie müssten sich die Augen verbinden, um nicht zu sehen, was doch direkt vor ihrer Nase ist. >:-(
Ich bin hier – lebendig und echt! Ich bin immer hier gewesen. Ich bin der Eine, der die Menschen zuerst geschaffen hat. Sei bitte kein Sturkopf, und verschließe deine Augen und Ohren nicht vor dem, was doch direkt vor dir ist. Mach deine Augen auf, damit du mich sehen kannst, und deine Ohren, damit du meine Stimme hören kannst. Bitte! ...
Der Herr der Liebe, :-)
>Gott

Brunnen Verlag 11:55 100%

Sag, wo passt du hin?

Lasst uns aufeinander achten! Wir wollen uns zu gegenseitiger Liebe ermutigen und einander anspornen, Gutes zu tun.

Hebräer	10,24

Ich grüße dich!
>Ich habe dich mit einer großartigen und mächtigen Fantasie geschaffen. Du hast immer tolle Ideen, das weiß ich. Und darum gebe ich dir eine Aufgabe. Überlege dir einmal, welche Ideen du entwickeln kannst, um andere Leute zu ermutigen und ihnen zu helfen. :-)
Sieh dich um. Überall um dich herum sind Menschen, die deine Hilfe und Ermutigung gebrauchen könnten. Da sind berufstätige Mütter, die eine Betreuung ihrer Kinder nach der Schule brauchen. Da sind Kinder, die schwerer lernen als andere und die etwas Hilfe brauchen. Da sind Kinder aus kaputten Familien, die ein Kind wie dich als Freund oder Freundin brauchen könnten. Da sind Kinder, deren Eltern sie nie mit zum Gottesdienst nehmen und die vielleicht gern mit dir und deiner Familie mitgehen würden.
Wo könnte dein Platz in diesen Problemen sein? Wie kannst du helfen?
Der Erfinder der Fantasie, ;-)
>Gott

Sich sorgen ist keine Art zu leben

Macht euch keine Sorgen! Ihr dürft Gott um alles bitten. Sagt ihm, was euch fehlt, und dankt ihm! Und Gottes Friede, der all unser Verstehen übersteigt, wird eure Herzen und Gedanken im Glauben an Jesus Christus bewahren.

Philipper 4,6–7

Schalom!
>Wie viel Zeit verbringst du damit, dir Sorgen zu machen? Über Dinge wie: «Was, wenn es am Tag des großen Fußballturniers regnet?» Oder: «Was, wenn ich nicht zu der Party eingeladen werde?» Oder: «Was, wenn ich in Mathe durchfalle?»
Sich dauernd Sorgen zu machen ist wirklich keine Art zu leben. Das ist reine Zeitverschwendung, weil du damit ja doch nichts ändern kannst. Hört es auf zu regnen, nur weil du dir darüber Sorgen machst, oder können dir die Sorgen garantieren, dass du in Mathe nicht durchfällst? Natürlich nicht! Statt dir also Sorgen zu machen über etwas, fange lieber an, dafür zu beten. Fasse deine Sorgen in Gebete, und gib sie mir. :-) Ich werde mich darum kümmern!
Deine Sicherheit in allen Problemen,
>Gott

P.S. Übrigens, wenn du für deine Mathe-Arbeit betest, dann vergiss nicht, auch dafür zu lernen. Das ist deine (nicht meine!) Aufgabe dabei. ;-)

ııll Brunnen Verlag 11:55 100%

Jesus ist das Ziel

Noch habe ich den Preis nicht in der Hand. Aber eins steht fest: Ich will alles vergessen, was hinter mir liegt, und schaue nur noch auf das Ziel vor mir. Mit aller Kraft laufe ich darauf zu, um den Siegespreis zu gewinnen, das Leben in Gottes Herrlichkeit.

Philipper 3,13–14

Hi, da bin ich wieder!
>Du hast wahrscheinlich schon mal einen 100-Meter-Läufer bei den Olympischen Spielen gesehen, nicht wahr? Aber mit Sicherheit noch keinen, der sich in seiner Startreihe aufstellt und dann ganz plötzlich seine Bahn verlässt und aus dem Stadion hinaus auf die Straße läuft. ;-) Jeder geübte Läufer weiß, dass er in seiner Bahn bleiben und die Ziellinie ganz fest anvisieren muss, wenn er eine Medaille gewinnen will.
Dein Leben ist wie solch ein Rennen, und ich möchte, dass du dein Ziel im Visier behältst. Der Himmel ist dein Ziel. Mein Sohn Jesus ist dein Ziel. Versuche ihm immer näher zu kommen. Werde ihm immer ähnlicher. Sei wie er. In jeder Situation versuche, dich immer mehr wie er zu verhalten. Schnell zu sein reicht noch nicht. Du musst dich auf deine Bahn konzentrieren und dieses Rennen laufen, so gut du kannst. Und du musst durchhalten!
Dein Trainer und dein großer Fan, :-)
>Gott

Du hast einen Freund

Und so lautet mein Gebot: Liebt einander, wie ich euch geliebt habe. Niemand liebt mehr als einer, der sein Leben für die Freunde hingibt.

Johannes 15,12–13

Ich hab wieder an dich gedacht!
>Stell dir vor, du und dein bester Freund würdet über eine belebte Hauptstraße gehen. Plötzlich siehst du einen Lastwagen, der die rote Ampel übersehen hat und direkt auf einen von euch zusteuert. Würdest du um dein Leben rennen oder dein Leben riskieren? Würdest du versuchen, dich selbst zu retten, oder würdest du versuchen, deinen Freund zu retten und ihn wegzureißen?
Viele Leute würden um ihr eigenes Leben laufen. Aber ein paar würden zuerst an die Sicherheit eines Freundes denken. Jesus ist dein Freund. Jesus hatte die Macht, vor dem Kreuz zu fliehen und sein eigenes Leben zu retten. Aber das hat er nicht getan. :-o
Nein, er durchlitt die ganzen Schmerzen des Sterbens am Kreuz von Golgatha, um dich zu retten.
Und wovor hat er dich gerettet? Vor dem ewigen Tod. Wofür hat er dich gerettet? Für ein ewiges Leben mit mir – denn Jesus ist auferstanden! Was für einen tollen Freund hast du in Jesus! :-)
Sein und dein Vater,
>Gott

Von Glauben geprägt

Passt euch nicht dieser Welt an, sondern ändert euch, indem ihr euch von Gott völlig neu ausrichten lasst. Nur dann könnt ihr beurteilen, was Gottes Wille ist, was gut und vollkommen ist und was ihm gefällt.

Römer 12,2

Mein Friede sei mit dir!
>Stell dir vor, die Polizei würde jeden verhaften, der wie Jesus handeln würde. :-o Wärst du dann in Gefahr, verhaftet zu werden? Oder würde die Polizei dein Leben ansehen und sagen: «Nein. Dieses Kind ist nicht wie Jesus. Es ist wie alle anderen Kinder, die nicht an Gott glauben»?
Das ist genau der Punkt, auf den ich hinauswill. Ich möchte nicht, dass du dich so stark an deine Umgebung anpasst und keiner mehr sehen kann, dass du Christ bist. Wie du dich nach außen hin verhältst, sollte zeigen, was du in deinem Innern glaubst. Denk mal bitte über deine Entscheidungen, deine Handlungen und dein Verhalten nach. Lassen sie deinen Glauben erkennen? Bist du ein Lichtlein für andere, oder bist du so dunkel und ziellos wie so viele andere Menschen? Denk an mich, und sei im Herzen bei mir, und ich werde dich von innen nach außen verändern. :-o Fest versprochen!
Der Verwandler des Lebens, :-)
>Gott

Brunnen Verlag 11:55 100%

Mehr als Euro und Cent

Weil ihr Gottes Barmherzigkeit erfahren habt, fordere ich euch auf, liebe Brüder und Schwestern, mit eurem ganzen Leben für Gott da zu sein.

Römer 12,1

Da ist noch ein Gedanke für dich:
>Wenn du zum Gottesdienst gehst, legst du dann Geld in den Kollektenbeutel? Das ist eine tolle Sache. Aber du bist alt genug, um zu verstehen, dass ich von dir mehr möchte als dein Geld. Was ich wirklich von dir möchte, ist dein ganzes Leben. :-o Ich mache keine Witze! Ich meine das wirklich ernst. Nicht nur dein sonntägliches Kindergottesdienst-Leben, sondern dein ganzes Leben – wenn du aufwachst und einschläfst, wenn du lernst und spielst, wenn du lachst und weinst.
Ich weiß, das scheint ganz schön viel zu sein, was ich da von dir verlange, und das ist es auch. Aber denk mal darüber nach: Du gibst mir ja nur das, was ich dir vorher gegeben habe. Ich habe dich dazu geschaffen, mein Kind zu sein, damit wir als Vater und Kind miteinander leben. Also wie zwei, die sich richtig lieb haben. Dein Leben wird erst dann richtig vollkommen sein, wenn du es in meine Hände legst.
Dein Vater, der dich lieb hat, :-)
>Gott

Liebe ist eine ernste Sache

Eure Liebe soll aufrichtig sein ... Seid in herzlicher Liebe miteinander verbunden, gegenseitige Achtung soll euer Zusammenleben bestimmen.

Römer 12,9–10

Hallo, du hast wieder Post!
>Hast du schon einmal jemanden um dich gehabt, der unheimlich lieb und nett zu sein schien, der aber irgendetwas an sich hatte, das dich auf den Gedanken gebracht hat, dass er nur so freundlich tut und eigentlich zwei Gesichter hat?
Schau mal: Liebe ist eine ernste Sache. Sie ist der wichtigste Teil von dem, was du bist und was du tust. Und darum möchte ich, dass du immer aufrichtig bist. Lass mich in deinem Herzen leben. Ich sorge dafür, dass deine Liebe zu anderen Menschen echt ist. Ich werde aus deinem Innern hervorsprudeln, wie eine Quelle aus dem Boden sprudelt. Lass deine Liebe nicht von Egoismus oder Eifersucht beschmutzen. Wenn du jemals das Gefühl hast, dass du es ganz tief unten in deinem Herzen nicht ernst meinst, dann bete zu mir. Bitte mich darum, dir echte Liebe zu schenken, und ich will meine eigene Liebe durch dich hindurch zu den anderen Menschen schicken.
Der Herr der Liebe, :-)
>Gott

Fliehe vor dem Bösen

Und wie ihr das Böse hassen müsst, sollt ihr das Gute lieben …
Bittet Gott um seinen Segen für alle, die euch verfolgen, ja, betet für sie, anstatt sie zu verfluchen.

Römer 12,9 und 14

Achtung, aufgepasst!
>Mit dem Bösen herumzuspielen ist ganz schön gefährlich. Manche Kinder meinen, dass es ja keinem schadet, wenn sie einfach so zum Spaß eine Kleinigkeit im Laden stehlen. Aber selbst wenn sie nie dabei geschnappt werden, fügt ihnen diese kleine «harmlose Sache» doch Schaden zu, ganz tief in ihrem Innern, wo niemand anders hineinsehen kann. :,-(
Manche Kinder glauben, sie könnten Drogen nehmen und davon keinen Schaden nehmen, aber das stimmt nicht. Selbst wenn sie niemals davon abhängig werden sollten, haben sie sich doch selbst geschadet, indem sie etwas getan haben, von dem sie wussten, dass es falsch war. :,-(
Jede Entscheidung ist eine wichtige Entscheidung. Und deshalb sage ich dir: Lauf ganz weit weg von dem, wovon du weißt, dass es schlecht ist. Halte dich an das, wovon du weißt, dass es gut ist. Dein Leben ist so wertvoll für mich. :-)
Dein Papa, der dich auf gute Wege leitet, :-)
>Gott

ııııl Brunnen Verlag 11:55 100%

Sei wie die Schildkröte

Bewältigt eure Aufgaben mit Fleiß, und werdet nicht nachlässig. Lasst euch ganz von Gottes Geist durchdringen, und dient Gott, dem Herrn. Seid fröhlich in der Hoffnung darauf, dass Gott seine Zusagen erfüllt ... Und lasst euch durch nichts vom Gebet abbringen.

Römer 12,11–12

Na, wie geht es dir heute?
>Kennst du eigentlich die Geschichte vom Feldhasen und der Schildkröte? Der Feldhase war der schnellste Hase in der Gegend. Er konnte jedes Wettrennen gewinnen. Die Schildkröte war ein langsames und schwerfälliges altes Tier, aber sie hatte Mut.
Eines Tages forderte der Feldhase die Schildkröte zu einem Wettrennen heraus. Der Feldhase rannte los, schnell wie der Blitz, und ließ die Schildkröte rasch hinter sich. Da wollte er sich unterwegs ein bisschen ausruhen und beschloss, ein Nickerchen zu machen. Aber die Schildkröte kroch beharrlich weiter und gab ihr Bestes. Und am Schluss gewann die Schildkröte das Wettrennen, während der Hase noch pennte. :-o
Ich wünsche mir, dass du auch so mutig bist wie die Schildkröte. Bleib auf dem Weg zu mir. Bleibe fröhlich. Bewahre deinen Glauben. Auch wenn es schwer ist, höre nicht auf, mir zu vertrauen und mit mir zu reden. Dann wirst du bei den Siegern sein.
Der Herr auch der Langsamen, :-)
>Gott

Brunnen Verlag 11:55 100%

Öffne dich für andere

Seid fröhlich in der Hoffnung darauf, dass Gott seine Zusagen erfüllt ... Helft anderen Christen, die in Not geraten sind, und seid gastfreundlich!

Römer 12,12–13

Schalom, Friede sei mit dir!
>Wohnst du in einem Haus? Dann bist du reich! (Viele Menschen auf dieser Welt leben nämlich auf der Straße und unter Brücken.) Wenn du dein eigenes Zimmer hast, dann kannst du glücklich sein. (Viele Familien leben nämlich in Wohnungen mit nur einem Zimmer, und keiner hat einen eigenen Raum.) Und wenn du eine Familie hast, die an mich glaubt und die dich liebt, dann hast du das beste Geschenk von allen. :-)
Bleib nicht auf den Segnungen deines Zuhauses sitzen, und behalte sie nicht für dich allein. Teile sie mit einem Freund. Sprich das aber vorher mit deinen Eltern ab – und dann lade jemanden ein. Bete für den Menschen, den du einladen möchtest. Vielleicht hast du dich für jemanden entschieden, der nicht viele Freunde hat. Überlege dir, was du tun kannst, damit sich dein Gast wohlfühlt. Du kannst meine Liebe weitergeben, indem du dein Zuhause mit anderen teilst.
Der, der sein Leben gerne teilt, :-)
>Gott

Brunnen Verlag 11:55 100%

Meine Augen der Liebe

Seid einmütig untereinander! Strebt nicht hoch hinaus, und seid euch auch für geringe Aufgaben nicht zu schade. Hütet euch vor Selbstüberschätzung und Besserwisserei.

Römer 12,16

Mein geliebtes Kind!
>Ich möchte, dass du jeden liebst – sogar die Menschen, die dir auf die Nerven gehen, und auch die Menschen, die du nicht so gern magst und die völlig neben den Schuhen stehen. :-o
Ich mag jeden. Ich sehe jeden durch die Augen der Liebe an. Und daher weiß ich, dass jeder Mensch wichtig ist. Ich möchte, dass du die Menschen so siehst, wie ich sie sehe. Ich möchte dir meine Augen der Liebe leihen. Setz sie auf wie eine Brille, und du wirst klar und deutlich sehen, was ich sehe: Jeder braucht Liebe und Freundschaft. Jeder braucht Wärme und Zuneigung. Und jeder ist es wert.
Und darum streite bitte nicht. Behandle jeden gleich gut. Behandle jeden mit Respekt. Alle sind meine Kinder, und jeder verdient es, dass am Morgen die Sonne über ihm aufgeht.
Der, dessen Augen allen Menschen folgen, :-)
>Gott

Bekämpfe das Böse mit Gutem

Bittet Gott um seinen Segen für alle, die euch verfolgen, ja, betet für sie, anstatt sie zu verfluchen ... Lass dich nicht vom Bösen besiegen, sondern besiege das Böse durch das Gute.

Römer 12,14 und 21

Hast du schon einmal darüber nachgedacht?
>Du kannst Feuer nicht mit Feuer bekämpfen. Wenn du das versuchst, dann hast du am Ende lediglich ein noch größeres Feuer. Um Feuer zu bekämpfen, brauchst du Wasser. Nichts Neues, oder? ;-)
Und genauso, wie du Feuer nicht mit Feuer bekämpfen kannst, so kannst du auch Schlechtes nicht mit Schlechtem bekämpfen. Am besten bekämpft man schlechte Dinge, indem man etwas Gutes tut.
Hier ist ein Beispiel: Stell dir vor, ein paar Raufbolde an deiner Schule würden anfangen, ein Kind zu hänseln, das für sein Alter ziemlich klein und schmächtig ist. Du könntest nun anfangen, die Raufbolde zu beschimpfen, und die ganze Sache würde sich zu einer heftigen Schlägerei entwickeln. >:-(Du könntest aber auch etwas Gutes tun. Du könntest anfangen, das kleinere Kind mit Respekt zu behandeln. Freunde dich mit ihm an. Setz dich für dieses Kind ein. Bald schon werden die Raufbolde genug davon haben, auf ihm herumzuhacken. Sie könnten vielleicht sogar lernen, dieses Kind zu mögen.
Bleib auf der guten Seite, bleib bei mir, :-)
>Gott

Brunnen Verlag 11:55 100%

Verpass das Abenteuer nicht

Glaubst du nicht, dass ich im Vater bin und der Vater in mir ist? Was ich euch sage, habe ich mir nicht selbst ausgedacht. Mein Vater, der in mir lebt, handelt durch mich.

Johannes 14,10

Hast du das gewusst?
>Jesus war ganz auf meiner Wellenlänge. Er wurde von der Kraft meines Heiligen Geistes angetrieben. Er tat das, was ich wollte. Wenn er etwas sagte, dann konnte man sicher sein, dass ich ihm vorher aufgetragen hatte, es zu sagen. :-o
Aber Jesus war keine Marionette. Er war eine Person, die ihre eigenen Entscheidungen treffen konnte. Aber er entschied sich immer dafür, sein Leben für mich zu leben. Darum war sein Leben so besonders. :-o
Und jetzt möchte ich dir etwas sagen: Du kannst auch Entscheidungen treffen. Du kannst dich dafür entscheiden, auch ein besonderes Leben zu haben. Wie das geht? Lass Jesus in dir leben. Lass die Kraft meines Heiligen Geistes dein Antrieb und dein Benzin sein. ;-) Lies in der Bibel und bete. Höre auf meine Worte in deinem Herzen und folge ihnen. Dann kommt alles gut!
Das größte Abenteuer von allen, :-)
>Gott

Ich fülle deine Schwäche

«Meine Gnade ist alles, was du brauchst! Denn gerade wenn du schwach bist, wirkt meine Kraft ganz besonders an dir» ... Ich weiß: Gerade wenn ich schwach bin, bin ich stark.

2. Korinther 12,9–10

Ey, wie geht's denn so?
>Wenn ein mit Muskeln bepackter Gewichtheber zweihundert Kilogramm hebt, dann sind die Leute beeindruckt von dem Gewichtheber. Aber wenn mich ein leichtgewichtiger Schwächling bittet, ihm zu helfen, zweihundert Kilogramm zu heben, und wenn er dies dann schafft, dann sind die Leute von *mir* beeindruckt. :-o
Wenn ein begabter Sprecher einen tollen Vortrag hält, dann sind die Leute beeindruckt von dem geübten Sprecher. Aber wenn mich ein schüchterner, ängstlicher Mensch bittet, durch ihn zu reden, werden die Leute von *meinen Worten* in seinem Mund beeindruckt sein.
Immer, wenn du mich deine Schwäche mit meiner Stärke füllen lässt, werden die Leute sehen, wie ich in deinem Leben wirke. Deshalb bitte ich dich: Ruf mich, wenn du dich fürchtest, wenn du schüchtern oder schwach bist; ich bin sofort bei dir.
Deine Stärke und deine Kraft, :-)
>Gott

Brunnen Verlag 11:55 100%

Du hast – gewonnen!

Denn der Geist Gottes, der in euch wirkt, ist stärker als der Geist der Lüge, von dem die Welt beherrscht wird.

1. Johannes 4,4

Sei gegrüßt, mein liebes Kind!
>Der Teufel ist ein harter Brocken, und er macht eine Menge Getöse darum, wie furchterregend und mächtig er ist. >:-(Aber du brauchst dich nicht vor dem Teufel zu ängstigen. Wenn du Jesus in dein Herz eingeladen hast, dann hast du den Teufel bereits geschlagen. :-)
Man muss ganz einfach wissen, was mehr wert ist. So wie ein Weitwurf mit drei Punkten beim Basketball mehr wert ist als ein Freiwurf mit einem Punkt, so schlägt die Macht von Jesus immer die Macht des Teufels in der Welt. Jesus besiegte Satan am Kreuz. Das ist eine Tatsache. Ich weiß das. Und der Teufel weiß das auch. Und nun weißt du es genauso. :-)
Und darum verschwende keine weitere Minute damit, dich vor dem Teufel zu fürchten. Verlass dich auf Jesus, und du kannst sicher sein: Du hast das Spiel gewonnen!
Der «Drei-Punkte-Wurf», ;-)
>Gott

Wie lang ist deine Liste?

«Sorgt euch vor allem um Gottes neue Welt, und lebt nach Gottes Willen! Dann wird er euch mit allem anderen versorgen.»

Matthäus 6,33

Schalom!
>Wenn du eine Liste machen solltest mit all den Dingen, die du brauchst, wie lang würde deine Liste sein? Eine Seite? Zwei Seiten? Zehn Seiten? Die Wahrheit ist, du brauchst gar nicht so furchtbar viel, um wirklich glücklich zu sein. Einige der Dinge, von denen du denkst, dass du sie unbedingt brauchst, sind eigentlich nur Dinge, die du gerne haben möchtest, ohne sie wirklich zu benötigen. ;-)
Ich erkläre dir jetzt, wie du eine ganz kurze Liste von den Sachen machen kannst, die du brauchst. Fang mit einem leeren Blatt Papier an. Schreibe ganz oben eine Eins hin, und daneben schreibe: «Eine Beziehung mit Gott und mit seinem Sohn Jesus». Das reicht schon. Weißt du, ich bin nämlich alles, was du brauchst. Denn wenn ich in deinem Leben bin, dann gebe ich dir alles andere, was wichtig ist, noch obendrauf. Ich gebe dir das, was dich wirklich glücklich macht. Das verspreche ich dir.
Die Nummer Eins auf deinem Blatt, :-)
>Gott

Brunnen Verlag 11:55 100%

Lerne von den Bauern

Ich bin davon überzeugt: Wer wenig sät, der wird auch wenig ernten; wer aber viel sät, der wird auch viel ernten.

2. Korinther 9,6

Hi, da bin ich wieder!
>Bauern wissen etwas, das du auch unbedingt wissen solltest. Was du säst, das wirst du auch ernten, wenn deine Pflanzen wachsen. Wenn du nur wenig und schlechtes Saatgut ausstreust, dann wirst du nicht viel ernten. :,-(Aber wenn du viel gutes Saatgut ausstreust, dann wirst du eine riesige Ernte haben. Genauso ist es mit deinem Leben. Wenn du Gehässigkeit, Sorgenfalten und Knauserigkeit in dein «Freundschaftsfeld» säst, dann werden daraus nicht viele Freunde wachsen. >:-(Aber wenn du freundliche Worte, Lächeln, Mitgefühl und Großzügigkeit in dein Freundschaftsfeld säst, dann werden viele Freundschaften anfangen zu wachsen. Lerne die Lektion vom Säen und Ernten, vom Pflanzen und Reifen. Setze das Allerbeste, was du hast, in dein Leben, und du wirst feststellen, dass das Leben dir das Beste zurückgibt, was es zu bieten hat.
Der Herr der Ernte, :-)
>Gott

Schon vor der Schlacht

Joschafat stellte daraufhin an die Spitze des Heeres einige Sänger. In Festgewändern sollten sie vor den Soldaten herziehen ... Als die Sänger ihre Loblieder anstimmten, ließ der Herr die Truppen in einen Hinterhalt geraten. Sie wurden in die Flucht geschlagen.

2. Chronik 20,21–22

Das solltest du unbedingt wissen:
>Als das Königreich Juda von fremden Truppen angegriffen wurde, tat König Joschafat etwas sehr Ungewöhnliches. Er berief eine große Gruppe von Sängern, die vor seinen Soldaten herlaufen und mich loben sollten. :-o
In ihren Liedern dankten sie mir für meinen Schutz, sogar vor der Schlacht. Als ihre Loblieder mein Ohr im Himmel erreichten, freute ich mich so sehr über ihren Glauben, dass ich beschloss, ihre Feinde auf der Stelle in die Flucht zu schlagen. Die Männer von Juda mussten noch nicht einmal kämpfen! Sie lobten mich nur, und ich erledigte den Rest! :-o
Dies ist eine wertvolle Lektion, die du dir merken solltest, mein Kind. Wenn du dir über etwas in deinem Leben Sorgen machst, dann lobe mich zuerst für das, was ich tun werde, noch bevor ich es tue. Vertraue mir, ich bin auf deiner Seite.
Dein Erretter, :-)
>Gott

Brunnen Verlag 11:55 100%

Ein Zimmer erwartet dich

Denn im Haus meines Vaters gibt es viele Wohnungen. Sonst hätte ich euch nicht gesagt: Ich gehe hin, um dort alles für euch vorzubereiten.

Johannes 14,2

Hallo, du!
>Ist dein Zimmer für dich ein ganz besonderer Ort? Ist es in deinen Lieblingsfarben tapeziert oder gestrichen? Ist es der Ort, an dem du dich so wohlfühlst wie nirgends sonst? Ist es der Ort, wo du alle deine Lieblingssachen aufbewahrst – ein Ort, wo du deine Freunde hinbringst, wenn sie zu Besuch kommen?
Wenn du kein eigenes Zimmer hast, dann möchtest du ganz bestimmt gerne eines haben. Ich möchte, dass du weißt, dass es in meinem himmlischen Haus ein ganz bestimmtes Zimmer für dich gibt. Jesus selbst hat es allein für dich vorbereitet. Es ist ein Ort, wo du deine Schuhe ausziehen und dich zu Hause fühlen kannst. :-o
Auch wenn es schwer ist, den Himmel mit irdischen Worten zu erklären, möchte ich, dass du dich über den besonderen Ort, der dich einst erwartet, freust. Er ist besser als alles, was du dir erträumen und ausmalen kannst. Du wirst ihn lieben!
Der beste Innendekorateur aller Zeiten, :-)
>Gott

Komm raus aus dem Regen

«Nein, Herr», widersprach ihm Thomas, «wir wissen nicht einmal, wohin du gehst! Wie sollen wir dann den Weg dorthin finden?» Jesus antwortete: «Ich bin der Weg, ich bin die Wahrheit, und ich bin das Leben! Ohne mich kann niemand zum Vater kommen.»

Johannes 14,5–6

Ich habe eine gute Nachricht für dich:
>Stell dir vor, du würdest versuchen, bei Nacht und bei scheußlichem Wetter das Haus eines Freundes zu finden, das du vorher noch nie gesehen hast. Du würdest ohne Stadtplan im Dunkeln durch den Regen herumirren. :-(
Und dann, ganz plötzlich, siehst du die Scheinwerfer eines Autos. Es wird langsamer. Der Fahrer kurbelt die Scheibe herunter und ruft dich bei deinem Namen. Du bemerkst, dass es der Vater deines Freundes ist. Sicher aufgehoben und trocken im Auto vom Vater deines Freundes weißt du, dass es nun definitiv in die richtige Richtung geht. :-)
Versuchst du, zu mir zu kommen? Jesus ist wie die Scheinwerfer, die du in einer dunklen Nacht siehst. Er ist wie ein Stadtplan, der dich geradewegs zu mir führt. Es gibt keinen anderen Weg, um zu mir zu kommen, als durch ihn. Also komm heraus aus dem Regen und steig ins Auto. Komm heim zu mir.
Der auf dich wartet, :-)
>Gott

Wie der Vater – so der Sohn

Da bat Philippus: «Herr, zeig uns den Vater, dann sind wir zufrieden!» Jesus entgegnete ihm: «Ich bin nun schon so lange bei euch, und du kennst mich noch immer nicht, Philippus? Wer mich gesehen hat, der hat auch den Vater gesehen.»

Johannes 14,8–9

Hi, du hast wieder Post!
>Philippus und die anderen Jünger versuchten andauernd, aus Jesus schlau zu werden. Wer war dieser Mann, der aus einer abgelegenen kleinen Stadt kam, der aber dauernd von seinem «Zuhause im Himmel» sprach? Wer war dieser Mann, der in Sandalen herumzog und so erstaunliche Wunder wirkte? :-o
Die Jünger haben ganz schön lange gebraucht, um zu verstehen, dass Jesus genauso wie ich war. Er war Gott in Menschengestalt. Er war die laufende, redende, atmende, handelnde Version meiner Liebe, meiner Wahrheit, meiner Weisheit und meines Weges. Darum sagte er zu Philippus: «Wer mich gesehen hat, der hat auch den Vater gesehen.»
Dass kein Missverständnis aufkommt, mein Kind: Wenn du Jesus kennst, dann kennst du mich.
Wie der Vater – so der Sohn, :-)
>Gott

Brunnen Verlag 11:55 100%

Finde deine Freude in mir

Freue dich über den Herrn; er wird dir alles geben, was du dir von Herzen wünschst.

Psalm 37,4

Ich grüße dich!
>Manche Leute sagen: Wenn man verzweifelt einen Schmetterling fangen will, wird man ihn nie erwischen. Aber manchmal, wenn man aufhört, ihm nachzujagen, dann kommt der Schmetterling und setzt sich auf deinen Kopf. :-o
Nach dem Glück zu jagen kann genauso sein. Wenn du dem Glück zu sehr nachjagst, dann fliegt es manchmal davon und ist außerhalb deiner Reichweite.
Ich will dir den Schlüssel zum wahren Glück verraten: Hör auf, ihm nachzujagen. Finde stattdessen deine Freude darin, mich und meine Freunde kennen zu lernen. Und eines Tages wirst du plötzlich aufsehen und bemerken, dass du mit genau dem Glück vollgefüllt bist, dem du immer nachgejagt hast. Warum? Weil ich dafür gesorgt habe, dass du deine Freude in mir findest – und deine besten Freundschaften in meiner Familie.
Der Schlüssel zum wahren Glück, :-)
>Gott

Und wo ist der Haken?

Ich sage euch die Wahrheit: Wer an mich glaubt, wird die gleichen Taten vollbringen wie ich – ja, sogar noch größere; denn ich gehe zum Vater.

Johannes 14,12

Da ist noch ein Gedanke für dich!
>Was denkst du: «Verkohlt» dich Jesus, wenn er sagt, dass du größere Dinge vollbringen können wirst als er? Er war doch schließlich der glaubensstarke, von Gnade redende und Wunder wirkende Sohn Gottes, und alles, was er tat, war einfach nur mächtig und eindrücklich. :-o
Er heilte Kranke, veränderte Unehrliche und befreite Menschen von ihren Sünden. Er liebte die einsamen, erschöpften, unglücklichen Männer, Frauen und Kinder, die ihm begegneten. Wie also kann es sein, dass ausgerechnet DU solche Dinge tun kannst???
Auf dich allein gestellt, kannst du das tatsächlich nicht. Aber wenn du Jesus vertraust, dann wirkt mein Heiliger Geist durch dich. Er gibt dir meine Kraft, damit du erstaunliche Dinge tun kannst, so wie Jesus sie getan hat.
Ich habe meine Pläne mit dir, :-)
>Gott

Brunnen Verlag 11:55 100%

Der Dauer-Freund

Der Heilige Geist, den euch der Vater an meiner Stelle als Helfer senden wird, er wird euch an all das erinnern, was ich euch gesagt habe, und euch meine Worte erklären.

Johannes 14,26

Ich hab da noch eine Frage:
>Wenn du an etwas denken willst, schreibst du dir dann eine Notiz oder machst du einen Knoten in dein Taschentuch? Oder hast du vielleicht irgendein anderes «Erinnerungs-System»?
Ich möchte, dass du rund um die Uhr weißt, dass du zu Jesus gehörst. Und darum habe ich es dir leicht gemacht. Ich habe dir einen Freund gegeben, der bei dir bleibt und dich an alle wichtigen und starken Worte erinnert, die Jesus gesagt hat. Er ist ein Freund, der dich nie verlässt und der dich immer ermutigt, dein Bestes zu geben. Dieser Freund ist mein Heiliger Geist.
Mein Geist, der in dir lebt, zeigt dir, was Jesus möchte, das du in jeder Situation tun sollst – in der Schule, zu Hause, mit deinen Freunden oder auch allein. Auch wenn du meinen Heiligen Geist nicht sehen kannst, gibt er dir die Kraft, die du brauchst, um wie Jesus zu leben. Lerne, auf seine leise Stimme in dir zu hören.
Der dir den Geist gibt, :-)
>Gott

Was für ein Geschenk!

Auch wenn ich nicht bei euch bleibe, sollt ihr doch Frieden haben. Meinen Frieden gebe ich euch; einen Frieden, den euch niemand auf der Welt geben kann. Seid deshalb ohne Sorge und Furcht!

Johannes 14,27

Hallo, du!
>Sieh dir mal die ganzen angespannten Leute um dich herum an – wie sie sich im Verkehr an ihr Lenkrad klammern und nervös auf ihre Uhr sehen, während sie im Stau stehen. :-(
Menschen probieren alles Mögliche, um Frieden zu bekommen. Manche versuchen es mit Sport. Andere gehen einkaufen. Wieder andere probieren Alkohol, Beruhigungsmittel oder Drogen, um ihre innere Nervosität loszuwerden. Aber keines dieser Dinge kann echten Frieden bringen.
Ich bitte dich: Schau auf mich! Selbst inmitten einer nervösen, aufgeregten Welt kann ich dir das Geschenk eines Friedens machen, der wirklich echt ist. Mein Friede ist etwas, das die Welt nicht verstehen und nicht nachmachen kann. Er kommt ganz leise in dein Herz, wenn du dein Vertrauen in mich setzt.
Der dir den Frieden schenkt, :-)
>Gott

Brunnen Verlag 11:55 100%

Wem würdest du's erzählen?

Ich nenne euch nicht mehr Knechte; denn einem Knecht sagt der Herr nicht, was er vorhat. Ihr aber seid meine Freunde; denn ich habe euch alles anvertraut, was ich vom Vater gehört habe.

Johannes 15,15

Schalom, mein Segen sei mit dir!
>Stell dir vor, du hättest ein Geheimnis, das du einem anderen Menschen erzählen wolltest. Wem würdest du es erzählen? Würdest du es irgendeinem Typen erzählen, der bei der Tankstelle in deiner Nachbarschaft arbeitet, oder würdest du es deinem besten Freund erzählen? Na, was meinst du? Du würdest es deinem Freund erzählen, richtig? Na klar!
Die kleine Gruppe von Leuten, die Jesus gefolgt war, hatte ihn als ihren Meister und Lehrer betrachtet. Aber am letzten Abend seines Lebens sagte Jesus, dass sie seine Freunde seien. Er erzählte ihnen seine Geheimnisse und offenbarte ihnen mein Wort und meinen Plan. :-o
Jesus möchte seine Geheimnisse auch mit dir teilen. Er möchte dir jedes Rätsel seiner besonderen Liebe zu dir erklären. Er möchte, dass du sein Freund bist. Was hältst du davon?
So nahe, näher geht's nicht, :-)
>Gott

Schon immer in meinen Gedanken

Nicht ihr habt mich erwählt, sondern ich euch, damit ihr euch auf den Weg macht und Frucht bringt, die bleibt. Dann wird euch der Vater alles geben, worum ihr ihn in meinem Namen bittet.

Johannes 15,16

Na, alles klar?
>Erinnerst du dich noch an das erste Mal, als du darüber nachgedacht hast, ob du mich kennen lernen möchtest? Vielleicht war das, als du noch als kleines Kind im Kindergottesdienst warst und dort von meiner Liebe zu dir gehört hast. Vielleicht war es auch, als dir jemand dieses Buch geschenkt hat. Als du diese Seiten gelesen hast, hast du dir vielleicht ganz plötzlich gesagt: «Hey, wenn Gott mich wirklich so sehr liebt, wie er sagt, sollte ich vielleicht einmal mehr über ihn erfahren.»
Ich möchte, dass du weißt, dass ich dich schon geliebt habe, lange bevor du zum ersten Mal darüber nachgedacht hast, ob du mich auch lieben willst. Ich hatte dich schon in meinen Gedanken, lange bevor ich dich geschaffen habe. Du glaubst vielleicht, dass du dich für mich entschieden hast, aber ich war derjenige, der sich zuerst für dich entschieden hat. Ich wollte immer, dass du mein Kind sein sollst. :-o
Der, der sich für dich entschieden hat, :-)
>Gott

Brunnen Verlag 11:55 100%

In guter Gesellschaft

Wenn die Menschen euch hassen, dann vergesst nicht, dass man mich schon vor euch gehasst hat.

Johannes 15,18

Hallo, ich bin's wieder!
>Wenn es nicht so läuft, wie du es dir erhofft hast; wenn du versuchst, das Richtige zu tun, und andere verstehen dich falsch – hast du da schon einmal das Gefühl gehabt, die ganze Welt sei gegen dich? :,-(
Jesus kannte dieses Gefühl. Als er auf der Erde war, haben ihn viele Menschen falsch verstanden. Obwohl er immer die Wahrheit sagte, haben gewisse Leute ihn als Lügner beschimpft. Obwohl alles gut war, was er tat, haben einige Leute ihn als schlechten Menschen abgestempelt. Er war ein Unschuldiger, der schuldig gesprochen wurde. Er verdiente zu leben, aber er wurde getötet. :,-(
Wenn du für Jesus lebst, dann machst du dir dadurch nicht immer unbedingt Freunde. Aber du bist in guter Gesellschaft. Jesus war auch nicht immer beliebt. Es gibt Leute, die ertragen das Licht eben nicht. Aber lass dich davon nicht beeindrucken. Ich liebe es, wenn du für Jesus lebst!
Das Licht in Person, :-)
>Gott

Brunnen Verlag 11:55 100%

Pommes ohne Salz?

Ihr seid für die Welt wie Salz. Wenn das Salz aber fade geworden ist, wodurch soll es seine Würzkraft wiedergewinnen? Es ist nutzlos geworden, man schüttet es weg, und die Leute treten darauf herum.

Matthäus 5,13

Hallo, eine E-Mail für dich!
>Kannst du dir vorstellen, dass du Pommes ohne Salz isst? Sie würden doch bestimmt fade und langweilig schmecken. Salz ist nun mal eines der beliebtesten Gewürze auf der Welt. :-)
Jesus sagte seinen Jüngern: «Ihr seid das Salz der Erde.» Er wollte ihr Leben als Gewürz für eine geschmacklose Welt benutzen. Er wollte, dass ihre Freude und ihre Begeisterung an der Gegenwart des Himmels den gewöhnlichen Dingen des Lebens einen Geschmack gaben.
Jesus möchte, dass auch du das Salz für die Welt bist, in der du lebst. Kinder in deiner Schule, die mich nicht kennen, haben keine Vorstellung davon, wie aufregend ein Leben mit mir sein kann. Sie wissen nicht, was für ein Abenteuer sie verpassen. Jesus möchte dich und deine christlichen Freunde wie Salz über diese manchmal so bedrückte Welt streuen. Verliere bloß deine Würzkraft nicht!
Der Herr des Abenteuers, :-)
>Gott

Ich habe einen «Röntgenblick»

Leiere nicht endlose Gebete herunter, wie Leute, die Gott nicht kennen ... denn euer Vater weiß genau, was ihr braucht, noch ehe ihr ihn um etwas bittet.

Matthäus 6,7–8

Hi, Post von mir!
>Ich habe einen ganz besonderen «Röntgenblick». Meine Augen der Liebe können tief in dein Herz hineinsehen. Sie erkennen dort ganz genau, was du brauchst, noch bevor du selbst es weißt. :-o Weißt du, es gibt nichts, das mich glücklicher macht, als deine Bedürfnisse zu erfüllen und dir das zu geben, von dem ich weiß, dass es gut für dich ist. :-)
Und deshalb rede dir bloß nie ein, du müsstest eine lange Liste der Dinge anfertigen, die ich für dich tun soll. Glaube nicht, du müsstest mir Anweisungen geben, wie ich dir helfen und Unterstützung geben soll. Vertrau mir einfach. Ich weiß schon, was für dich das Beste ist. Wenn du betest, dann bitte mich, dich zu leiten. Bitte mich, dir das, was du brauchst, auf meine Art zu geben. Eines Tages wirst du feststellen, dass meine Augen die ganze Zeit sehen konnten, was das Beste für dich war.
Der in deinem Herzen liest, :-)
>Gott

Brunnen Verlag 11:55 100%

Lerne zu vergeben

Euer Vater im Himmel wird euch vergeben, wenn ihr den Menschen vergebt, die euch Unrecht getan haben. Wenn ihr ihnen aber nicht vergeben wollt, dann wird Gott auch eure Schuld nicht vergeben.

Matthäus 6,14–15

Schalom!
>Wenn du etwas Schlimmes oder Unehrliches getan hast, wie lange brauche ich wohl, um dir zu vergeben? Gar nicht lange. Du brauchst nur deine Sünden zu bekennen, und schon habe ich dir vergeben. :-o
Nun stell dir vor, dein Freund oder deine Freundin sagt etwas Gemeines zu dir, das dich sehr verletzt und in Verlegenheit bringt. Wie lange würdest du brauchen, um ihm oder ihr zu vergeben? Wie viele Entschuldigungen wären dafür nötig? Wie lange würdest du an deinen verletzten Gefühlen festhalten? Wie lange würdest du dich weigern, ihm oder ihr zu vergeben?
Wenn du anderen nicht vergeben WILLST, dann kann ich dir, so weh mir das tut, auch nicht vergeben. Darum möchte ich, dass du lernst, anderen zu vergeben. Dann kannst du meine Vergebung immer haben, wenn du sie brauchst.
Der dir vergibt, :-)
>Gott

Schaff Platz für meinen Sohn

Sie brachte ihr erstes Kind, einen Sohn, zur Welt. Sie wickelte ihn in Windeln und legte ihn in eine Futterkrippe im Stall, denn im Gasthaus hatten sie keinen Platz bekommen.

Lukas 2,7

Hast du etwas Zeit für mich?
>In der Nacht, als Maria und Josef nach Bethlehem kamen, war so viel los in der Stadt und so viele Leute waren unterwegs, dass im Gasthaus kein Zimmer mehr für sie frei war. Es gab einfach keinen Platz, wo der Sohn Gottes zur Welt kommen konnte. >:-(
Wenn die Leute in Bethlehem vielleicht gewusst hätten, wer Jesus war, nun, dann hätten sie möglicherweise Platz geschaffen, damit mein Sohn geboren werden konnte. Aber sie wussten es nicht.
Jesus sucht immer wieder nach einem Ort, wo er willkommen ist. Er sucht nach einem Mann, einer Frau oder nach einem jungen Menschen, der in seinem Leben Platz für ihn schaffen will. Wenn du zu beschäftigt bist mit der Schule, deinen Freunden und deinen Freizeit-Aktivitäten, dann bist du bald wie Bethlehem in jener Nacht. Dann wird es in deinem überfüllten Leben keinen Platz für Jesus geben. Aber ich hoffe, dass du in deinem Herzen Platz schaffst für meinen Sohn, damit er einen Ort in dir findet, wo er willkommen ist.
Sein Vater und deiner, :-)
>Gott

Brunnen Verlag 11:55 100%

Gottes größte Schlagzeile

... der Engel sagte: «Fürchtet euch nicht! Ich verkünde euch eine Botschaft, die das ganze Volk mit großer Freude erfüllt: Heute ist für euch in der Stadt, in der schon David geboren wurde, der lang ersehnte Retter zur Welt gekommen. Es ist Christus, der Herr.»

Lukas 2,10–11

Friede sei mit dir!
>Wenn du im Fernsehen die Nachrichten anschaltest, hörst du meist nur schlechte Meldungen. Es wird von Flugzeugabstürzen, Flutkatastrophen, Kriegen und Gewalttaten berichtet. Aber damals, als der Engel die Geburt des Retters ankündigte, war das eine durch und durch gute Nachricht. Es war sogar eine erstaunliche Nachricht, eine Nachricht von großer Freude. Und nicht nur für ein paar Leute, sondern für alle Menschen – für jeden, überall, weltweit. :-o
Die Geburt von Jesus bedeutete Hoffnung für die Hoffnungslosen, Hilfe für die Hilflosen, Freundschaft für die, die keine Freunde hatten, Heilung für die Kranken, Augenlicht für die Blinden und ewiges Leben für jeden, der sein Vertrauen auf ihn setzen wollte.
Im Fernsehen wechselt die Hauptnachricht jeden Tag, aber vom Himmel sende ich immer noch dieselbe gute Nachricht. Ja, Jesus ist immer noch meine beste und größte Schlagzeile. Er verändert immer noch Leben und wirkt Wunder.
Sag's weiter! :-)
>Gott

Der Ort namens Himmel

Darauf erwiderte ihr Jesus: «Ich bin die Auferstehung, und ich bin das Leben. Wer mir vertraut, der wird leben, selbst wenn er stirbt. Und wer lebt und mir vertraut, wird niemals sterben. Glaubst du das?»

Johannes 11,25–26

Hallo, du!
>Was wäre, wenn dich heute jemand anrufen würde und dir erzählte, dass jemand gestorben ist, den du sehr liebst? Darauf wärest du wahrscheinlich gar nicht vorbereitet. Aber eines Tages wirst du dich wohl oder übel mit dem Tod beschäftigen müssen, weil der Tod ganz einfach ein Teil des Lebens ist. «Das Einzige, was sicher ist, ist der Tod», sagen viele Leute. :,-(
Aber der Tod ist nicht das Ende für die Leute, die an mich glauben. Er ist wie ein Durchgang von einem Ort namens Erde in einen anderen Ort namens Himmel. :-o
Auf der Erde gibt es viele tolle Dinge, doch es gibt eben auch Sorgen und Schmerzen. Aber das Leben im Himmel ist einfach nur gut. Es ist gefüllt mit nicht endender Schönheit, mit Freude und mit völligem Frieden. Du kommst aber nicht in den Himmel, weil du gut bist; du kommst dort nur hin, wenn du an Jesus glaubst. Er ist der Schlüssel für die Tür zum Himmel. Diesen Schlüssel kannst du nicht verlieren!
Dein ewiger Vater, :-)
>Gott

Brunnen Verlag 11:55 100%

Sing ein Lied, das nur dir gehört

Singt dem Herrn ein neues Lied, singt dem Herrn, alle Bewohner der Erde! Singt dem Herrn und preist seinen Namen! Verkündet jeden Tag: Gott ist ein Gott, der rettet!

Psalm 96,1–2

Da bin ich wieder!
>Denk mal an all die einzigartigen Dinge, die ich in meine Welt gestellt habe. Jedes Blatt von einem Baum unterscheidet sich von jedem anderen Blatt; jede Schneeflocke sieht unter dem Mikroskop anders aus. Und was ist mit dir? Streck mal deine Hände aus, und betrachte deine Fingerabdrücke. Du hast zehn einzigartige! :-o
Ich liebe einzigartige Dinge. Darum möchte ich, dass du mich mit einem Lied lobst, das nur dir allein gehört. Ich habe dir die Kreativität gegeben, dir ein Lied auszudenken, das noch nie jemand zuvor gesungen hat. Warte, bis du ganz allein mit mir bist, und dann versuche es einmal. Auch wenn du denkst, du könntest nicht singen, gib dir einen Ruck und probier es. Sei nicht schüchtern. Es wird mir gefallen, egal, wie es klingt. ;-)
Der Schöpfer der Kreativität, :-)
>Gott

Brunnen Verlag 11:55 100%

Leb nicht, um andern zu gefallen

Der Herr ist auf meiner Seite, und ich brauche mich vor nichts und niemandem zu fürchten. Was kann mir ein Mensch schon antun?

Psalm 118,6

Bist du heute gut drauf?
>Es ist lustig zuzusehen, wie sich manche Leute Sorgen darüber machen, was andere von ihnen denken. Sie kleiden sich auf besondere Weise, um ihren Freunden zu gefallen. Sie reden, denken und handeln so wie alle anderen in der Menge, damit sie ja nicht unangenehm auffallen. Sie fürchten sich total davor, herauszutreten und ihre eigenen Ideen zu haben. :,-(
Ich möchte dich davon befreien, dein Leben nur zum Gefallen anderer Menschen zu führen. Ich möchte, dass du dir meiner Liebe und meiner Zustimmung so sicher bist, dass es dich nicht zu interessieren braucht, was andere von dir denken. Ich möchte, dass du deinen eigenen Stil hast, anstatt dauernd den Stil eines anderen zu kopieren. Ich möchte, dass du etwas ausprobierst, das dir Spaß macht, statt immer das zu tun, was alle anderen tun.
Lass meine Meinung diejenige sein, auf die du Wert legst. Ich mag die Art, wie du bist!
Der mit der eigenen Meinung, :-)
>Gott

Brunnen Verlag 11:55 100%

Bereite dich gut vor

Bemüh dich vielmehr mit aller Kraft darum, das Richtige zu tun, Gott zu dienen, ihm zu vertrauen und deine Mitmenschen von ganzem Herzen zu lieben … Kämpfe den guten Kampf des Glaubens! Erringe so das ewige Leben. Dazu hat Gott dich berufen …

1. Timotheus 6,11–12

Hi, ich möchte dir etwas Wichtiges sagen:
>Bevor ein Soldat in die Schlacht zieht, geht er in eine Art Trainingslager, wo er alles lernt, was er wissen muss, um in einem Krieg zu kämpfen. Wenn er dann auf das Schlachtfeld geht, wird er das Wissen haben, das er braucht, um mit seinen Waffen richtig umzugehen.
Manchmal erscheint der Weg durchs Leben ein wenig wie ein Krieg. Ich hab's nicht so gewollt, aber die Menschen brauchen das offenbar. >:-(Es gibt so viele Dinge, die einen herunterziehen und besiegen können. Weil ich dich liebe, möchte ich, dass du gut vorbereitet bist. Ich möchte, dass du alles darüber weißt, wie man auf dem Schlachtfeld des Lebens Sieger sein kann. Lies in der Bibel; geh in eine Kirchengemeinde mit einem guten Programm für Kinder und Jugendliche, und rede mit mir über alles, was dich bewegt. Ich werde dir das Wissen vermitteln, das du brauchst, um ein siegreiches Leben zu führen.
Der Turm in jedem Gefecht, ;-)
>Gott

Brunnen Verlag 11:55 100%

Wisse nicht nur – tue es!

Ihr nennt mich Meister und Herr. Das ist auch richtig so, denn ich bin es ... Wenn ihr das begreift und danach handelt, wird man euch glücklich schätzen.

Johannes 13,13 und 17

Schalom!
>Es ist ein großer Unterschied, ob man etwas nur weiß oder ob man es auch tut. Nur weil du viele Bücher über Astronauten gelesen hast, die durchs Weltall fliegen, heißt das noch lange nicht, dass du selbst schon dort warst. Nur weil du über Computer-Genies gelesen hast, bedeutet das noch lange nicht, dass du auch einen Computer programmieren kannst. Nur weil du die Olympischen Spiele im Fernsehen verfolgt hast, wird aus dir deshalb noch lange kein Olympiasieger.
Jesus kam auf die Erde und sagte den Menschen, wie sie leben sollten. Aber er tat noch mehr, als nur über das richtige Leben zu sprechen. Er lebte auch so. Ich möchte, dass du in der Bibel über Jesus liest. Ich möchte, dass du weißt, was er seinen Jüngern gesagt hat, das sie tun sollten. Aber ich möchte, dass du noch etwas weiter gehst, als nur von diesen Dingen zu lesen. Ich möchte auch, dass du sie in die Tat umsetzt.
Der Herr der Tat, :-)
>Gott

Brunnen Verlag 11:55 100%

Ein großes Versprechen

In der Nacht darauf erschien ihm Gott und sprach zu ihm: «Erbitte von mir, was du willst!» Salomo antwortete ... «Gib mir Weisheit und Verständnis, damit ich dieses große Volk richtig führen kann. Denn wie sollte ich sonst gerechte Urteile sprechen können?»

2. Chronik 1,7–8 und 10

Hallo, du!
>Als Salomo König von Israel wurde, habe ich ihm gesagt, ich würde ihm alles geben, worum er mich bitten würde. Das ist ein ganz schön großes Versprechen, nicht wahr? Wenn ich dir sagen würde, ich würde dir alles geben, worum du mich bittest, was wäre dann dein Wunsch? Mehr Geld, mehr Kleider, mehr Freunde?
Salomo bat um etwas, das viel Gutes in sein Leben gebracht hat. Er bat mich um Weisheit. Weise zu sein ist nicht dasselbe, wie klug zu sein. Kluge Leute schreiben in Mathe- oder Geschichts-Prüfungen gute Noten. Weise Menschen hingegen treffen gute Entscheidungen in ihrem Leben. :-o
Habe ich Salomo gegeben, worum er mich gebeten hatte? Na klar! Und er wurde einer der besten Könige Israels.
Bitte mich um Weisheit, Kid, und ich werde dir geben, worum du mich bittest.
Der mit Schatztruhen voller Weisheit, :-)
>Gott

Brunnen Verlag 11:55 100%

Berge werden versetzt

Jesus erwiderte: «Wenn ihr wirklich glaubt und nicht zweifelt, könnt ihr nicht nur dies tun, sondern noch größere Wunder. Ihr könnt sogar zu diesem Berg sagen: ‹Hebe dich von der Stelle, und stürze dich ins Meer!›, und es wird geschehen.»

Matthäus 21,21

Ich habe da einen Gedanken für dich!
>Ein Gebet im Glauben ist mehr als einfach nur ein Wunsch. Ein Gebet im Glauben hat richtige Muskelkraft. :-o Jesus erklärte seinen Jüngern, wenn sie wirklich fest glauben und beten, könnten sie sogar Berge versetzen.
Welche «Berge» möchtest du denn heute gern versetzen? Vielleicht bist du in einer neuen Schule, und du hast noch keinen einzigen Freund und keine Freundin. Das ist ein Problem, das so groß wie ein Berg erscheinen kann, das weiß ich. Fang doch einfach an, für einen neuen Freund oder eine neue Freundin zu beten. Arbeite mit mir zusammen. Lächle. Öffne dein Herz für das, was ich tun werde. Glaube. ;-)
Und wenn du betest, dann starre nicht immer auf diesen Berg aus gefühlter Angst und Einsamkeit. Sieh stattdessen mich an. Denk daran, ich bin der Gott, der die Berge geschaffen hat, und ich bin der Gott, der sie auch versetzen kann.
Dein Berge versetzender Gefährte, :-)
>Gott

Freunde in hohen Positionen

Er tritt für uns ein, daher dürfen wir mit Zuversicht und ohne Angst zu Gott kommen. Er wird uns seine Barmherzigkeit und Gnade zuwenden, wenn wir seine Hilfe brauchen.

Hebräer 4,16

Hi, da bin ich wieder!
>Als Abraham Lincoln der Präsident der Vereinigten Staaten von Amerika war, begegnete er den bedeutendsten Menschen der Welt. Aber ganz oft kam Lincolns kleiner Sohn Taddy in sein Büro geplatzt, um seinem Papa etwas zu erzählen. Auch wenn manche Väter ihre Kinder wegen solch kindischer Störungen ausgeschimpft hätten – Präsident Lincoln hat das nie getan. Er unterbrach gewöhnlich das Gespräch, nahm den kleinen Taddy auf den Schoß und stellte den Jungen seinem bedeutenden Gast vor. :-o
Ich bin auch so ein Papa wie Lincoln. Ich wünsche mir, dass du zu jeder Tages- und Nachtzeit bei mir hereinplatzt. Ich lasse dann alles andere stehen und liegen. Ich nehme dich dann auf meinen Schoß und unterhalte mich mit dir, so lange du mich brauchst. Also, scheue dich nicht. Lauf in die Arme deines Papas.
Ich habe dich lieb, :-)
>Gott

Brunnen Verlag 11:55 100%

Kann man immer jung sein?

Ich will den Herrn loben und nie vergessen, wie viel Gutes er mir getan hat ... Mein Leben lang gibt er mir Gutes im Überfluss, darum fühle ich mich jung und stark wie ein Adler.

Psalm 103,2 und 5

Schalom, mein Segen sei mit dir!
>Früher machten sich viele Abenteurer und Forscher auf die Suche nach dem Brunnen der ewigen Jugend. Sie glaubten, wenn sie das Wasser finden würden, das die Jugend zurückbringt, dann würden sie reich werden. Nun ja, sie haben am falschen Ort gesucht. ;-)
Ich bin für deinen Geist und deine Gedanken wie ein Brunnen der ewigen Jugend. Wenn du erschöpft und niedergeschlagen bist, dann kann ich dir neues Leben einhauchen. Ich kann dich berühren, wenn du glaubst, aufgeben zu müssen, und ich gebe dir die prickelnde Aufregung eines super Neubeginns. Ich kann einen Menschen jeden Alters nehmen und ihm das Staunen und die Hoffnung schenken, die ein kleines Kind am Weihnachtsabend empfindet. Wenn du mich kennen lernst, dann ist das, als ob du jeden Tag von dem Wunderwasser trinkst.
Ich bin dir wie ein Brunnen, :-)
>Gott

Das große Familientreffen

Täglich kamen sie im Tempel zusammen und feierten in den Häusern das Abendmahl. In großer Freude und mit aufrichtigem Herzen trafen sie sich zu gemeinsamen Mahlzeiten. Sie lobten Gott und waren im ganzen Volk geachtet und anerkannt. Die Gemeinde wuchs mit jedem Tag ...

Apostelgeschichte 2,46–47

Hallo, Post für dich!
>Wenn die ersten Christen zusammenkamen, trafen sie sich meistens in den Häusern. Es gab keinen Chor, keine Kanzel und auch kein richtiges oder falsches Verhalten. Die Gläubigen beteten alle zu demselben himmlischen Vater – zu mir. Das machte sie zu einer Familie. Sie feierten die Tatsache, dass Jesus von den Toten auferstanden war. Die meisten von ihnen hatten ein hartes Leben. Wenn sie sich trafen, dann machten sie einander Mut. Jeder redete. Jeder betete und sang. Jeder beteiligte sich. :-)
Einige Gemeinden machen heutzutage aus ihrem Sonntagsgottesdienst eine richtige Show. Die Leute kommen herein und sitzen auf gepolsterten Sitzen in klimatisierten «Theatern», die sie Gottesdienstsaal nennen. Sie lehnen sich bequem zurück und sehen gespannt zu, was sich da vorne tut. Manchmal möchte ich am liebsten rufen: «Wacht auf, Leute! Ich bin hier. Ich bin echt. Ich liebe euch. Das hier ist keine Show – es ist eine Feier. Es ist ein Familientreffen!»
Der Vater einer großen Familie, :-)
>Gott

Brunnen Verlag 11:55 100%

Online mit mir!

Wenn ihr dann zu mir ruft, wenn ihr kommt und zu mir betet, will ich euch erhören. Wenn ihr mich sucht, werdet ihr mich finden. Ja, wenn ihr mich von ganzem Herzen sucht, will ich mich von euch finden lassen. Das verspreche ich euch.

Jeremia 29,12–14

Ich grüße dich!
>Vor langer Zeit, als der amerikanische Westen gerade erst besiedelt wurde, war es schwer für die Leute, miteinander in Verbindung zu bleiben. Der Pony-Express war damals ein Postdienst, bei dem reitende Postboten die Briefe beförderten. Später konnte man mit dem Telegrafen über Leitungen Nachrichten verschicken. Die Erfindung des Telefons ermöglichte es den Leuten, über große Entfernungen hinweg miteinander zu sprechen. Mit Fax, E-Mail und Handys ist es heute sehr einfach und schnell, in Kontakt zu bleiben.
Aber eins kann ich dir sagen: Mit mir in Kontakt zu bleiben, das ist die leichteste, schnellste und erstaunlichste Kommunikations-Methode, die man sich nur vorstellen kann. Du kannst jederzeit und überall mit mir reden. Du kannst ein paar Worte oder ein Lied oder nur eine Sehnsucht oder ein Gefühl ohne Worte zu mir schicken. Ich höre und verstehe dich, wenn du betest. Ich antworte deinem Herzen mit ganz leisem Geflüster, das nur du hören kannst.
Bleibe in Kontakt, :-)
>Gott

Durch Milchglas

Jetzt sehen wir nur ein undeutliches Bild wie in einem trüben Spiegel. Einmal aber werden wir Gott von Angesicht zu Angesicht sehen. Jetzt erkenne ich nur Bruchstücke, doch einmal werde ich alles klar erkennen, so deutlich, wie Gott mich jetzt schon kennt.

1. Korinther 13,12

Hallo, du hast wieder Post!
>Ich weiß, dass du viele Fragen dazu hast, warum Dinge auf eine bestimmte Art und Weise geschehen. Warum bekommt man Krebs? Warum gibt es hungernde Menschen auf der Welt? Oder warum musste ein Freund oder eine Freundin in eine andere Stadt ziehen?
Auf der Erde wird es immer Fragen geben, auf die es keine Antwort gibt. Es ist beinahe so, als ob man einen Film durch eine Milchglasscheibe ansieht. Die Handlung ist wie in dichtem Nebel. Die Geschichte ist undeutlich. Aber eines Tages, wenn du in den Himmel kommst, dann siehst du alles durch meine Augen. Dann kannst du mir jede Frage stellen, die du mir schon immer einmal stellen wolltest. Und alle meine Antworten werden alle deine Fragen in Nichts auflösen. Am Ende wird alles einen Sinn ergeben. Aber bis du meine Antworten kennst, möchte ich, dass du darauf vertraust, dass ich alles fest in der Hand habe und dass ich genau weiß, was ich tue.
Bleib dran! :-)
>Gott

Nichts ist zu schwer

Herr, allmächtiger Gott, durch deine starke Hand und deine Macht hast du den Himmel und die Erde geschaffen. Nichts ist dir unmöglich.

Jeremia 32,17

Heute möchte ich dir mal wieder eine Geschichte erzählen:
>In Kalifornien lebte einmal ein Mädchen namens Joni. Sie war hübsch, klug, sportlich und sehr beliebt. Sie hatte alles. Eines Tages brach sie sich an einem Felsen das Genick, als sie kopfüber ins Wasser sprang. :,-(Als sie erkannte, dass sie nie wieder ihre Arme und Beine benutzen konnte, fragte sich Joni, wie ihr Leben jemals wieder einen Sinn haben sollte. Das ist eine wahre Geschichte, und jetzt erzähle ich dir, was danach passiert ist. Joni legte ihr Leben in meine Hände und ließ mich durch sie großartige Dinge tun. Heute malt sie unglaubliche Bilder, indem sie den Pinsel mit den Zähnen festhält. Sie hat einen wunderbaren Mann namens Ken. Sie reist durch die ganze Welt und erzählt den Menschen von meiner Liebe. Und daraus sollst du etwas lernen: Selbst im allerschlimmsten Fall, selbst wenn alles auseinander zu fallen scheint, kann ich immer noch etwas ganz Besonderes aus deinem Leben machen. Nichts ist unmöglich, wenn du mich dir helfen lässt.
Vertraue mir dein Leben an, :-)
>Gott

Was kontrolliert deine Laune?

Ob ich nun wenig oder viel habe, beides ist mir durchaus vertraut, und so kann ich mit beidem fertig werden: Ich kann satt sein und hungern; ich kann Mangel leiden und Überfluss haben. Alles kann ich durch Christus, der mir Kraft und Stärke gibt.

Philipper 4,12–13

Grüß dich!
>Was kontrolliert eigentlich deine Laune? Bist du in guter Stimmung, wenn die Sonne scheint, und in schlechter Stimmung, wenn es regnet? Hast du gute Laune, wenn du in einem Restaurant isst, aber schlechte Laune, wenn du zu Hause Reste aufessen musst? Bist du gut drauf, wenn du dich mit einem Freund triffst, aber ödet es dich an, wenn du dich um deine kleine Schwester oder sonst jemanden kümmern musst?
Schau mal. Das Wetter kannst du nicht beeinflussen. Du kannst auch nicht immer bestimmen, wo du isst und mit wem du deine Zeit verbringst. Aber du kannst deine Laune sehr wohl kontrollieren. Du kannst eine unveränderlich gute Stimmung finden, wenn du beschließt, dich auf meine unveränderliche Liebe zu konzentrieren. Und dann wirst du zufrieden sein, egal ob es regnet oder die Sonne scheint, ob du Schnitzel oder Spinat zu essen hast, oder ob du mit einem Freund zusammen bist oder jemanden hüten musst.
Dein unveränderlicher Vater, :-)
>Gott

Brunnen Verlag 11:55 100%

Sei dankbar und zufrieden

Seid nicht hinter dem Geld her, sondern seid zufrieden mit dem, was ihr habt. Denn Gott hat uns versprochen: «Ich lasse dich nicht im Stich, nie wende ich mich von dir ab.»

Hebräer 13,5

Noch eine Geschichte für dich!
>Es war einmal ein Junge, der schenkte seinem jüngeren Bruder sein altes Rennrad. Der jüngere Bruder freute sich riesig. Er liebte die schnelle Fahrt auf dem Rennrad, und es machte ihm auch nichts aus, dass es ein wenig verkratzt war. Jeden Tag fuhr er auf dem alten Rennrad herum.
Dann bekam der beste Freund des jüngeren Bruders ein glänzendes neues Rennrad. In derselben Minute, in der der jüngere Bruder das neue Rad sah, gefiel ihm sein schon so lange gebrauchtes Fahrrad nicht mehr. Jeder Kratzer und jedes Fleckchen störte ihn, und schon bald «musste» er unbedingt ein neues Rad haben. :,-(
Der jüngere Bruder entdeckte die Sünde des Neides: das haben zu müssen, was ein anderer hat. Neid macht dich gierig und undankbar und unglücklich. Ich möchte, dass du nicht neidisch bist und dich stattdessen dankbar zeigst für die guten Dinge, die du hast.
Sei zufrieden mit dem, was du hast, :-)
>Gott

Das Bild eines Christen

Alle deine Bewohner leben nach meinen Geboten. Sie werden das Land für immer besitzen. Ich habe sie dort eingepflanzt, und ich lasse sie zu meiner Ehre wachsen.

Jesaja 60,21

Schalom!
>Was, wenn ich ein Bild von dem Christen malen würde, den ich aus dir machen will? Was würdest du auf meinem Gemälde sehen?
Du würdest Augen voller Lachen sehen, die die Hoffnung auf die Zukunft ausstrahlen. Du würdest Hände sehen, ausgestreckt mit Fürsorge und Mitgefühl, wie Jesus sie auch hatte. Du würdest Arme sehen, die bereit sind, andere in den Arm zu nehmen – und zwar diejenigen, die beliebt sind, und auch die, die keiner mag. Du würdest Füße sehen, die bereit sind, überall dorthin zu gehen, wo die Arbeit für mein Reich getan werden muss.
Du würdest jemanden sehen, der so freundlich ist, dass er anderen vergibt, und der so bescheiden ist, dass er sich selbst nicht zu wichtig nimmt – jemanden, der so groß ist, dass er an meinen Versprechen festhält, und der klein genug ist, dass er meine Fürsorge braucht. Du würdest einen Kämpfer sehen, ein Kind, einen Propheten und einen Beter. Du würdest jemanden sehen, den ich von ganzem Herzen lieb habe.
Du würdest DICH sehen! :-)
>Gott

Muntere deine Seele auf

Warum nur bin ich so traurig? Warum ist mein Herz so schwer? Auf Gott will ich hoffen, denn ich weiß: ich werde ihm wieder danken. Er ist mein Gott, er wird mir beistehen!

Psalm 42,6

Grüß dich!
>Bist du schon einmal aufgewacht und hast dich richtig elend gefühlt – so elend, als ob der ganze Tag schon abgehakt wäre, noch bevor er richtig angefangen hat? Wenn der Psalmist, der Psalm 42 geschrieben hat, sich elend fühlte, hat er seiner Seele ein paar aufmunternde Worte gesagt. Er sagte zum Beispiel: «Hey, Seele, wo ist das Problem? Warum bist du so aufgewühlt? Gott macht doch den Job für dich. Du brauchst ihm nur zu vertrauen.» :-)
Wenn du dich morgens mal wieder so mies fühlst, dann versuche zuerst einmal herauszufinden, was es eigentlich ist, das dich so nervt. Vielleicht hat dir ja gestern irgendein anderes Kind einen Streich gespielt. Vielleicht hast du ja vergessen, für eine Arbeit zu lernen. Was es auch ist, es hilft dir nicht, wenn du dich selbst bemitleidest. Warum willst du es nicht mal mit dieser Methode versuchen? Sag deiner Seele ein paar aufmunternde Worte. Sag: «Seele, jetzt beruhige dich erst mal! Gott liebt dich, und er wartet nur darauf, dir zu helfen. Hör bitte auf herumzunörgeln, und fang an, ihm zu vertrauen.»
Heute ist ein wichtiger Tag, :-)
>Gott

Brunnen Verlag 11:55 100%

Er ist, wer er ist

Wir haben es selbst erlebt, und darum bezeugen wir: Gott, der Vater, hat seinen Sohn in diese Welt gesandt, um sie zu retten.

1. Johannes 4,14

Hi, Post für dich!
>Viele Leute, die in der Zeit von Jesus lebten, wünschten sich einen Retter, der auf einem imposanten Pferd mit einem scharfen Schwert dahergaloppiert käme und die römische Besatzungsmacht auslöschen würde. Stattdessen bekamen sie einen stillen, demütigen Mann, der von Stadt zu Stadt wanderte, gefolgt von armen Leuten und Sündern, und der am Ende wie ein Verbrecher gekreuzigt wurde. >:-(
Heute wünschen sich die Leute einen Retter, der ihre Gebete mit größeren Schecks, teureren Autos und einem bequemen Leben beantwortet. Aber er ist immer noch derselbe Retter. Der Retter, der sagt, die Ersten werden die Letzten sein, die Stärksten werden die Schwächsten sein, und der Reiche wird es schwer haben, in den Himmel zu gelangen.
Jesus wird nie das sein, was die Welt aus ihm zu machen versucht. Er ist, wer er ist – dein Retter, dein Freund und dein Herr.
Folge ihm nach, :-)
>Gott

Brunnen Verlag 11:55 100%

Die Rettung eines Seglers

Wenn aber das Vollkommene da ist, wird alles Vorläufige vergangen sein ... Was bleibt, sind Glaube, Hoffnung und Liebe. Die Liebe aber ist das Größte.

1. Korinther 13,10 und 13

Eine Geschichte zum Nachdenken:
>Ein Mann unternahm einmal eine Reise mit seiner Frau und seinen Kindern mit seinem wunderschönen neuen Segelschiff. Sorgfältig hatte er einen Kurs über das offene Meer zu einer entfernten Insel geplant. Obwohl die Wettervorhersage gut gewesen war, kam ganz unerwartet ein schwerer Sturm auf und verwandelte die Traumreise des Mannes in einen Albtraum. Riesige Wellen fielen über seinem Schiff zusammen und brachten es zum Sinken. Er und seine Familie hielten sich verzweifelt an einem aufblasbaren Rettungsboot fest. In diesem Moment war dem Mann sein Schiff völlig gleichgültig. Das Einzige, was er betete, war: «Herr, rette meine Familie.» Und plötzlich, durch den dichten Regen kaum erkennbar, näherte sich ihnen ein Boot der Küstenwache. Die Mannschaft zog nacheinander jedes Familienmitglied des Mannes aus dem Wasser. Als seine Lieben sicher waren, da lobte er mich. In diesem Augenblick wusste er, was wirklich wichtig war.
Warte nicht auf eine Krise, bis du entdeckst, was wirklich wichtig ist, mein Kind. Die Liebe ist es; sie ist das Wichtigste im Leben.
Mehr als die Küstenwache, ;-)
>Gott

Brunnen Verlag 11:55 100%

Er betete für Gefangene

Die ihn aber aufnahmen und an ihn glaubten, denen gab er das Recht, Kinder Gottes zu werden.

Johannes 1,12

Ich denke oft an dich!
>Es war einmal ein Mann, der betete für Gefangene, und er bat mich jeden Tag, denen zu helfen, die wegen ihrer Sünden in einem schrecklichen, dunklen Raum eingesperrt waren. Eines Tages konnte es der Mann nicht mehr ertragen, draußen zu sein. Er bat darum, ein Jahr als Gefangener leben zu dürfen, obwohl er kein Gesetz gebrochen hatte. Ein Jahr lang aß der Mann Gefängnis-Essen, ein Jahr lang trug er Gefängnis-Kleidung und schlief in einer dunklen Gefängnis-Zelle. Die Gefangenen erfuhren nie, wer er war, aber sie sahen seine Freundlichkeit und seinen Glauben. Und der Mann führte viele dieser Gefangenen zu einem neuen Leben mit mir. :-o
Jesus liebte die Welt, in der du lebst, so sehr, dass er es nicht ertragen konnte, nicht in dieser Welt zu leben. Wie der Mann, der für die Gefangenen betete, entschied er sich, eine Welt der Sünde zu betreten, obwohl er ohne Sünde war. Weil Jesus in deine Welt gekommen ist, konnte er Menschen zu einem neuen Leben mit mir führen. Hast du ihn schon in deinem Herzen aufgenommen, mein Kind?
Dein himmlischer Vater, :-)
>Gott

Brunnen Verlag 11:55 100%

Bleib eingestöpselt

Ich bin der Weinstock, und ihr seid die Reben. Wer bei mir bleibt, so wie ich bei ihm bleibe, der trägt viel Frucht. Denn ohne mich könnt ihr nichts ausrichten.

Johannes 15,5

Magst du noch eine Mail lesen?
>Wenn du eine Rebe, also einen Ast, von einem Weinstock abbrichst, dann verdorrt er und stirbt ab. Er kann keine Blätter und keine Trauben mehr hervorbringen. >:-(
Jesus ist genau wie dieser Weinstock, und du bist wie der Ast. Wenn du bei ihm bleibst, dann kann seine Liebe durch dich hindurchfließen, so wie der Saft durch den Weinstock fließt. Dann wirst du in deinem Leben großartige Dinge zustande bringen. Du wirst viel Liebe und Energie haben, um anderen Menschen zu helfen. Du wirst Weisheit und Frieden kriegen – und du wirst den Sinn deines Lebens immer klar vor Augen haben. :-)
Aber wenn du dich selbst von Jesus abschneidest, dann entschließt du dich, geistlich zu sterben. Und die großen Dinge, die ich in deinem Leben tun wollte, werden nie geschehen. Und darum bitte ich dich: Bleibe mit Jesus verbunden, mein Kind.
Der Winzer im Rebberg, :-)
>Gott

Du kannst erstaunliche Dinge tun

«Gott hat es ihr zugesagt, und was Gott sagt, das geschieht!» «Ich will mich dem Herrn ganz zur Verfügung stellen», antwortete Maria. «Alles soll so geschehen, wie du es mir gesagt hast.»

Lukas 1,37–38

Es gibt was zu lesen!
>Ich bin schon ganz aufgeregt über die tollen Sachen, die du in deinem Leben machen wirst. Ich kann es gar nicht erwarten zu erleben, welchen besonderen Unterschied es machen wird, dass du auf der Welt bist. Vielleicht denkst du jetzt: «Was für tolle Sachen kann ich denn tun? Was für einen besonderen Unterschied macht es denn, dass ich auf der Welt bin? Ich bin doch nur ein Kind.» :-(
Du musst nicht erst erwachsen sein, bevor du tolle Sachen in meinem Reich machen kannst. Junge Leute haben schon einige weltverändernde Dinge geleistet. Maria war noch ein ganz junges Mädchen, als sie nach Bethlehem gereist ist und die Mutter von Jesus wurde. David war ein junger Mann, als er den schwer bewaffneten Goliat mit einer Steinschleuder besiegte. Was David und Maria gemeinsam hatten, war ihr Glaube an mich. Wenn du glaubst, dann ist nichts unmöglich, egal, wie alt du bist. :-o
Der Herr ohne Grenzen, :-)
>Gott

Brunnen Verlag 11:55 100%

Von Seeleuten und der Erlösung

Denn wenn du mit deinem Mund bekennst: «Jesus ist der Herr!», und wenn du von ganzem Herzen glaubst, dass Gott ihn von den Toten auferweckt hat, dann wirst du gerettet werden. Wer also von Herzen glaubt, wird von Gott angenommen; und wer seinen Glauben auch bekennt, der findet Rettung.

Römer 10,9–10

Schalom!
>Leute können alles Mögliche über Schiffe und Gezeiten lernen. Sie können lernen, wie man navigiert, und sich sogar wie Seeleute kleiden. Aber wenn sie niemals auf ein Schiff gehen, den Anker lichten und aufs Meer hinausfahren, werden sie auch niemals echte Seeleute sein.
Genauso ist es mit deinem christlichen Glauben. Du gehst jeden Sonntag zum Kindergottesdienst und lernst alles über mich. Du kannst von einem Gott hören, der sich um dich kümmert und der dich lieb hat. Du kannst sogar christliche T-Shirts tragen und mit christlichen Freunden zusammen sein. Aber wenn du selbst nie den Schritt des Glaubens machst und mich bittest, dein Herr zu sein, wenn du niemals meinen Sohn Jesus bittest, dein Erlöser zu sein, dann wirst du niemals ein echter Christ sein. Ein Christ ist jemand, der sein Leben Jesus übergeben hat. Nur du und ich wissen, ob du das getan hast. Und nun steh nicht am Ufer und tu so, als ob du auf den Meeren des christlichen Lebens fährst. Du sollst über mich nicht nur etwas wissen, du sollst mich auch kennen. :-)
Das Wichtigste in deinem Leben,
>Gott

Brunnen Verlag 11:55 100%

Schwer in Mode

Aarons heilige Gewänder sollen nach seinem Tod einem seiner Söhne übergeben werden ... Dann wird er mit Öl gesalbt und in sein Amt eingesetzt.

2. Mose 29,29

Hast du wieder etwas Zeit?
>Hast du schon mal im Kleiderschrank deiner Eltern herumgestöbert und dir einige der alten Sachen angesehen, die sie früher getragen haben? Manches davon sieht einfach komisch aus. Man kann kaum glauben, dass es einmal cool war, solche Kleider zu tragen. Es ist aber so auf der Erde, dass sich das, was heute cool und topmodern ist, morgen schon wieder ändert. Sachen, die supermodern oder technisch auf dem höchsten Stand sind, werden in ein paar Jahren oder manchmal sogar in ein paar Monaten schon wieder altmodisch sein. :,-(
Aber mit meiner Wahrheit ist das anders. Die kommt nie aus der Mode. Vom Anfang aller Zeiten haben die Menschen mich angebetet und haben die Arme nach ihrem Schöpfer ausgestreckt. Sie beten mich an, ob sie jüdische Gewänder oder Jeans mit Schlag tragen. Sie beten mich an, ob sie auf einem Esel reiten oder eine 650er-BMW fahren. Ich bin der eine wahre Gott. Und darum folge keinen unzuverlässigen Mode-Erscheinungen, sondern folge mir. Ich werde mich niemals ändern.
Der, der immer in Mode ist, ;-)
>Gott

Das wunderschöne Volk

Anmut kann täuschen, und Schönheit vergeht wie der Wind – doch wenn [ein Mensch] Gott gehorcht, verdient [er] Lob!

Sprüche 31,30

Ich habe wieder an dich gedacht!
>Weißt du, dein Aussehen macht aus dir noch keinen schönen Menschen. Auch wenn Fernsehen und Zeitschriften dir immer einreden wollen, dass das Aussehen das Ein-und-Alles sei; das stimmt nun mal ganz einfach nicht. >:-(
Denk einmal an den Menschen, der dir am meisten bedeutet hat, den Menschen, der dich am meisten geliebt hat, der immer für dich da gewesen ist. Vielleicht war es deine Mama oder dein Papa, deine Oma oder ein enger Freund. Was hat diesen Menschen für dich so wichtig gemacht? War es sein Aussehen? Wahrscheinlich nicht. Was am wichtigsten ist – was einen Menschen für andere so wertvoll und wichtig macht –, sitzt viel tiefer als die äußere Erscheinung. Was wichtig ist, ist die Liebe: Die Art, wie ein Mensch mich liebt und wie ein Mensch andere liebt, gibt ihm eine innere Schönheit.
Wenn du also zu dem wunderschönen Volk gehören möchtest, dann versuche nicht, besser auszusehen. Versuche, besser zu lieben.
Der, der deine wahre Schönheit sieht, :-)
>Gott

Brunnen Verlag 11:55 100%

Deine tägliche Kraft

Singt und musiziert zu seiner Ehre, macht alle seine Wunder bekannt! Seid glücklich, dass ihr zu ihm, dem heiligen Gott, gehört! Ja, alle, die den Herrn suchen, sollen sich freuen! Fragt nach dem Herrn, und rechnet mit seiner Macht, wendet euch immer wieder an ihn!

1. Chronik 16,9–11

Na, wie geht es dir heute?
>Wenn du isst, dann isst du nicht nur einmal und hast dann genug für den Rest deines Lebens. Wenn du schläfst, dann schläfst du nicht nur eine Nacht lang und brauchst dann nie wieder zu schlafen. So habe ich dich nicht gemacht. ;-)
Genauso war es, als du Christ geworden bist: Da wurdest du auch nicht für immer «fertig». Ich habe dich nicht mit deinem eigenen geistlichen Brennstoff gemacht, der dann niemals zu Ende geht. Nein, ich habe dich so geschaffen, dass du jeden Tag zu mir kommen und mich bitten sollst, dir Kraft zu geben, dich zu leiten und dir meine Liebe zu zeigen. Wenn du zum täglichen Aufladen zu mir kommst, dann gebe ich dir die übernatürliche Energie, die du brauchst, um dein Leben für mich zu leben. Lass den Brennstoff nicht ausgehen. Komm zu mir und lass deinen geistlichen Tank nachfüllen. :-)
Deine Stärke und deine Kraft,
>Gott

Setze alles zusammen

Dann werdet ihr den Herrn, euren Gott, suchen. Und ihr werdet ihn finden, wenn ihr ehrlich und von ganzem Herzen nach ihm fragt. Wenn euch all dies am Ende der Zeit zustößt, werdet ihr in eurer Not zum Herrn, eurem Gott, zurückkehren und wieder auf ihn hören.

5. Mose 4,29–30

Du weißt, ich schreibe dir gern!
>Ehrlich gesagt: Ohne mich zu leben ist, als ob du mit verbundenen Augen ein Puzzle zusammensetzen willst. Du kannst nicht sehen, wohin die Teile deines Lebens passen, und nichts ergibt einen wirklichen Sinn. Wenn du anfängst, mich und meinen Sohn Jesus kennen zu lernen, dann fällt dir die Binde von den Augen. Dann fängst du an, die Dinge zu verstehen – etwas, was vorher absolut unmöglich war. Stück für Stück beginnt sich dein Leben zusammenzubauen. Allmählich ergibt alles Sinn. Alles gewinnt Konturen.
Komm jeden Tag zu mir, damit ich dich führe, mein Kind. Wenn du versuchst, ohne mich als Christ zu leben, dann ist es, als ob du versuchen würdest, das Puzzle zusammenzusetzen, ohne je auf das Bild auf der Schachtel zu sehen. Je mehr du betest, desto deutlicher siehst du das Gesamtbild. Je mehr du in der Bibel liest, desto besser wirst du meinen Plan für dein Leben verstehen.
Der Meister aller Lebens-Puzzles, ;-)
>Gott

Brunnen Verlag 11:55 100%

Die Definition von Glück

Seid nicht hinter dem Geld her, sondern seid zufrieden mit dem, was ihr habt. Denn Gott hat uns versprochen: «Ich lasse dich nicht im Stich, nie wende ich mich von dir ab.»

Hebräer 13,5

Na, wie geht's?
>Wenn du in deinem Leben nur einen bestimmten Gedanken hast – zum Beispiel, dass du nur glücklich sein kannst, wenn du superdünn bist oder tolle Noten in der Schule bekommst oder zur besten Schulmannschaft gehörst –, dann wirst du früher oder später eine Enttäuschung erleben. Denn du setzt dann deine Hoffnungen in Dinge, die gar nicht dazu geeignet sind, dir wirklich echtes Glück zu verschaffen. >:-(
Wahres Glück kommt nicht von Dingen, die du hast oder nicht hast. Wahres Glück kommt von deiner Beziehung mit mir und mit meinem Sohn Jesus.
Ich sage nicht, dass du nicht nach den besten Dingen im Leben streben sollst. Ich möchte nur, dass du weißt, dass dein Glück niemals von Dingen kommt, die du besitzt oder erreichst. Lerne mich kennen, und du wirst das Glück finden, nach dem viele andere am falschen Ort suchen.
Der Weg zum Glück, :-)
>Gott

Brunnen Verlag 11:55 100%

Ein blutiger Zeh

Denn die von Gott bewirkte Traurigkeit führt zur Umkehr und bringt Rettung. Und wer sollte das jemals bereuen? Nur die Traurigkeit, die nicht zur Umkehr führt, bewirkt den Tod.

2. Korinther 7,10

Hi, ich hatte wieder Sehnsucht nach dir!
>Wenn du dir den Zeh blutig gestoßen hast, würde dich das so wütend und traurig machen, dass du ihn dir abhacken würdest? Das wäre ja wohl ziemlicher Blödsinn! Stattdessen würdest du ihn doch reinigen, ein Pflaster draufkleben und versuchen, dich nicht wieder zu stoßen.
Leider läuft es aber oft genau so, wenn Menschen sündigen: Anstatt sich an mich zu wenden, um geheilt zu werden, trennen sie sich von mir und sagen traurig: «Was soll's? Ich bin halt kein guter Mensch. Ich bade jetzt noch ein bisschen in meiner Sünde.»
Ich weiß, dass es schwer ist, als Christ zu leben. Aber wenn du sündigst, dann bestrafe dich bitte nicht dafür. Trenne dich nicht von mir. Sogar unsäglich viele Sünden können meine Liebe nicht aufhalten. Wenn du sündigst, dann komm zu mir und sag mir, dass es dir ehrlich leidtut. Bitte mich um meine Kraft und meine Hilfe, und wir gehen gemeinsam weiter.
Dein Heiler und Retter, :-)
>Gott

ıııl Brunnen Verlag 11:55 100%

Von Skateboards und Sportwagen

Aber ihr werdet den Heiligen Geist empfangen und durch seine Kraft meine Zeugen sein in Jerusalem und Judäa, in Samarien und auf der ganzen Erde.

Apostelgeschichte 1,8

Hallo, du!
>Hast du dir schon einmal für das Neue Jahr etwas vorgenommen und gesagt: «Ich will versuchen, ein besserer Mensch zu sein»? Das war ein gutes Ziel, das du dir da gesetzt hast, und du hast dich bestimmt ein bisschen besser verhalten – zumindest eine Zeit lang. Es ist nichts Falsches daran, wenn man versucht, sich aus eigener Kraft zu ändern. Es ist nur nicht gerade die beste Methode, um tatsächlich etwas zu verändern. Es ist, als ob du versuchst, mit einem Skateboard mit defekten Rollen zu fahren, wo ich dir doch einen Sportwagen gegeben habe.
Aber mein Heiliger Geist will dich von innen heraus völlig verändern, wenn du mir dein Leben übergibst. Und wenn du mich um meine Hilfe bittest, dann wirst du erstaunliche Dinge beobachten können – und zwar Veränderungen und Verbesserungen, die du aus eigener Kraft niemals schaffen würdest.
Wenn du verstehst, wovon ich spreche, dann kannst du jederzeit von dem Skateboard deiner eigenen Kraft heruntersteigen und dich von meinem Sportwagen mit der Kraft des Heiligen Geistes an einen ganz neuen Ort bringen lassen.
Der dich verändert, :-)
>Gott

Brunnen Verlag 11:55 100%

Sei immer du selbst

Ihr seid neue Menschen geworden, die Gott selbst nach seinem Bild geschaffen hat. Ihr gehört zu Gott und lebt so, wie es ihm gefällt. Belügt einander also nicht länger, sondern sagt die Wahrheit.

Epheser 4,24–25

Schalom!
>Wenn ein Schauspieler in einem Film seine Rolle hervorragend spielt, dann wird das Publikum den Schauspieler für seine gute schauspielerische Leistung respektieren. Wenn aber im echten Leben jemand so tut, als wäre er ein anderer, dann ist das eine erbärmliche Lüge.
Ich weiß wohl, dass es verlockend ist, manchmal so zu tun, als wäre man jemand anders, oder die Wahrheit ein bisschen großzügiger zu betrachten oder sich besser zu machen, als man eigentlich ist. Aber wenn jemand von deinen Lügen so beeindruckt ist, dass er sich mit dir anfreundet, dann hast du nicht wirklich einen Freund gefunden. Warum nicht? Weil es deine Lügen sind, die diese Person mag, und nicht dein wirkliches Selbst.
Wenn du einfach nur du selbst bist, dann sind die Freunde, die du findest, auch wirklich deine Freunde, und die Freiheit, die du dabei spürst, ist es wirklich wert. Sei kein Schauspieler; sei einfach du selbst.
Der dich so liebt, wie du bist, :-)
>Gott

Brunnen Verlag 11:55 100%

Bete für deine Schule

Wenn dieses Volk, das meinen Namen trägt, seine Sünde bereut, von seinen falschen Wegen umkehrt und nach mir fragt, dann will ich ihnen vergeben und ihr Land wieder fruchtbar machen.

2. Chronik 7,14

Hast du etwas Zeit für mich?
>Ich möchte, dass du dafür betest, dass mein Geist deine Schule erobert. Ich spreche nicht von einem viertelstündigen formalen Gebetstreff in deiner Kinderstunde oder von einem christlichen Jugendtreff. Klar, das ist ein super Ort, wo man damit anfangen kann. Aber ich möchte, dass du jeden Tag für diejenigen Kinder in deiner Schule betest, die mich in ihrem Leben brauchen. Ich möchte so ins Leben deiner Schulkameraden kommen, dass es dich umhaut. Ich möchte diejenigen heilen, die ein gebrochenes Herz haben. Ich möchte den Schlägertypen von der Liebe meines Sohnes Jesus erzählen. Ich möchte den Außenseitern in deiner Schule erzählen, dass ich sie vollkommen annehmen will. Ich möchte dich dazu benutzen, mir zu helfen, dass all diese Dinge geschehen können. :-o
Bete dafür, dass mein Heiliger Geist durchschlagende Dinge in deiner Schule tun kann. Gib nicht auf. Bete immer weiter für deine Freunde und auch deine Feinde, bis sie selbst beten können. Ich werde dein Gebet hören und antworten.
Der große Dinge tut, :-)
>Gott

Meine Stärke in Schwachheit

«Hat er selbst Schuld auf sich geladen oder seine Eltern?» «Weder noch», antwortete Jesus. «Vielmehr soll an ihm die Macht Gottes sichtbar werden.»

Johannes 9,2–3

Hi, wie geht's?

>Manchmal, wenn ein Mensch schwach ist oder viele Probleme hat, dann fragen sich die Leute, was dieser Mensch wohl getan haben mag, dass er all diese schlimmen Dinge verdient hat. Aber vergiss nie: Ich kann schlimme Dinge nehmen und sie in etwas Gutes verwandeln. :-o Wenn ein schwacher Mensch mit einer schwierigen Situation nicht fertig wird, dann kann ich mit meiner Stärke kommen und die schwierige Situation von den Schultern dieses schwachen Menschen nehmen.

Fühlst du dich in manchen Bereichen schwach? Bist du zu unbeholfen und nicht sportlich? Fällt dir das Lernen in der Schule schwer? Wünschst du dir, dass du mehr Freunde hättest? Gib mir diese schwachen Bereiche. Ich bin der Gott, der einem Jungen namens David geholfen hat, einen Riesen zu töten. Ich habe einem schwerfällig redenden Mann namens Mose geholfen, damit er der mächtige Führer meines Volkes werden konnte. Keiner dieser beiden war der Beste in dem, was sie tun sollten. Aber sie gaben mir ihre Schwäche, und ich veränderte sie. Gib mir dein Leben, und ich will auch durch dich wirken.

Die Stärke in deiner Schwachheit, :-)

>Gott

Brunnen Verlag 11:55 100%

Saug das Gute auf

Glücklich ist, wer nicht lebt wie Menschen, die von Gott nichts wissen wollen, [und] sich kein Beispiel an denen nimmt, die gegen Gottes Willen verstoßen. Er ist wie ein Baum, der nah am Wasser steht, der Frucht trägt jedes Jahr und dessen Blätter nie verwelken. Was er sich vornimmt, das gelingt.

Psalm 1,1 und 3

Grüß dich!
>Ein trockener, leerer Schwamm saugt jede Flüssigkeit auf, mit der er in Kontakt kommt. Wenn er an stinkenden Essig kommt, dann saugt er den auf. Wenn er an reines, klares Quellwasser kommt, dann saugt er das auf. Aber wenn er voll ist, dann kann er nichts anderes mehr aufsaugen, bis er wieder ausgedrückt wird.
Du bist ein bisschen wie ein Schwamm. :-o Ich habe dich leer gemacht, damit du alle meine guten Dinge aufsaugen kannst. Ich weiß, dass es manchmal verlockend ist, sich mit den «schlechten» Leuten abzugeben und die schlechten Dinge aufzusaugen, die sie tun. Aber ich möchte nicht, dass du so voll mit stinkendem Essig wirst, dass du mein klares Wasser nicht mehr aufnehmen kannst. Ich möchte dich mit Liebe, Freundlichkeit, Glück und wahrem Frieden füllen. Lass mich dir helfen, all die schlechten Dinge auszudrücken, die du vielleicht schon aufgesaugt hast. Dann bete und bitte mich, dich mit meinem Heiligen Geist zu füllen. Wenn du erst einmal mit meinen guten Dingen gefüllt bist, dann willst du nichts anderes mehr.
Das reine Wasser, :-)
>Gott

Brunnen Verlag 11:55 100%

Das Ende einer Sandburg

Der Herr sorgt für alle, die nach seinem Wort leben. Doch wer sich ihm trotzig verschließt, der läuft in sein Verderben.

Psalm 1,6

Hi, du hast Post!!
>Warst du schon einmal am Strand und hast eine Sandburg ganz nah ans Wasser gebaut? Was ist da passiert? Irgendwann ist die Flut gekommen, und das Wasser hat deine Burg zerstört. Es blieb nichts mehr übrig. :,-(
Wenn man aus dem falschen Grund lebt und auf die falschen Dinge setzt, dann ist das ungefähr so wie mit deiner Sandburg. Auch wenn du viel Geld verdienst und viele materielle Dinge bekommst – wenn du dein Leben nicht für mich lebst, dann sind all diese vielen Dinge am Ende nichts wert. Alles wird dann weggewaschen wie diese Sandburg. Aber wenn du meinem Sohn Jesus vertraust und für ihn lebst, dann ist dein Leben so, als ob du ein stabiles Haus auf solidem Untergrund baust. Diesem Haus kann das Wasser nichts anhaben. Wenn du wirklich willst, dass dein Leben am Ende einen Sinn gehabt hat, dann baue ein dauerhaftes Lebenshaus.
Dein solides Fundament, :-)
>Gott

Brunnen Verlag 11:55 100%

Diamanten wie du

Bei allen Völkern erzählte man sich von deiner Schönheit; sie war makellos und vollkommen durch den Schmuck, den ich, der Herr, dir geschenkt hatte.

Hesekiel 16,14

Ich grüße dich!
>Hast du dir schon einmal einen Diamanten ganz aus der Nähe angesehen? Wenn man einen Diamanten ins Licht hält, ist es einer der schönsten Anblicke auf der ganzen Welt. Manchmal sieht es sogar aus, als ob der Diamant von allein strahlt. Aber wenn du diesen Diamanten in einen dunklen Raum legst, dann leuchtet er überhaupt nicht. Er kann nämlich nur das Licht reflektieren, das auf ihn fällt. :-o
So ist es auch mit dir. Ich habe dich geschaffen, damit du leuchtest, aber das kannst du nicht aus eigener Kraft. Du musst dich ins Licht meiner Liebe stellen. Wenn ich dann auf dich leuchte, so kannst du mein Licht auf die Welt reflektieren. Wenn du das tust, dann bist du das geworden, wozu ich dich geschaffen habe: eines der schönsten Dinge auf der ganzen Welt. Mein Diamant, mein Schatz, mein Lichtblick.
Das Licht der Liebe auf dir, :-)
>Gott

Brunnen Verlag 11:55 100%

Kühl niemals ab

Zeige deine Macht den Stämmen Ephraim, Benjamin und Manasse! Komm und hilf uns! O Gott, richte uns, dein Volk, wieder auf! Wende dich uns in Liebe zu, dann sind wir gerettet!

Psalm 80,3–4

Schalom!
>Hast du dir schon einmal richtig gute heiße Schokolade zubereitet, aber als du endlich dazu gekommen bist, sie zu trinken, war sie schon abgekühlt? Das kann ganz schön enttäuschend sein. :-(
Ich weiß, wie das ist, denn ich habe dich geschaffen, damit du ganz für mich entflammt bist. Und es enttäuscht mich schon sehr, wenn ich sehe, wie du abgekühlt bist und dich gar nicht mehr um meine Angelegenheiten kümmerst.
Wenn du in deinem christlichen Glauben abgekühlt bist, dann möchte ich dich wieder aufwärmen. Aber ohne Ofen kann man natürlich nichts wärmen. Du musst schon zu mir kommen, der Quelle aller geistlichen Hitze. Gib einfach zu, dass du kalt geworden bist, und bitte mich, dich mit meinem Geist wieder aufzuwärmen. Wenn du spürst, wie in dir wieder die Aufregung für meine Angelegenheiten aufsprudelt, dann weißt du, dass dein Glaube wieder heiß ist. Lass deine Liebe nicht wieder abkühlen.
Dein geistliches Feuer, :-)
>Gott

Fädele die Nadel ein

Denkt bei dem, was ihr tut, nicht nur an euch. Denkt vor allem an die anderen und daran, was für sie gut ist ... Das ist auch mein Grundsatz. Ich versuche, allen in jeder Beziehung gerecht zu werden. Dabei geht es nicht um mich, sondern darum, dass möglichst viele Menschen gerettet werden.

1. Korinther 10,24 und 33

Na, alles in Ordnung?
>Wenn du dir dein Lieblings-Shirt zerreißen würdest und du nähen könntest, dann würdest du es doch flicken wollen, oder? Wenn ich dir eine Nadel und Nähgarn geben würde, würdest du die Nähsachen doch sicher nicht in die Schublade legen und dann vergessen. Du würdest sie dazu benutzen, dein Shirt zu flicken, nicht wahr?
Überall um dich herum leiden viele Menschen und sind traurig. Deine Freunde leiden vielleicht auch und brauchen Hilfe. Sie brauchen möglicherweise jemanden, mit dem sie reden können. Du könntest genau der Mensch sein, den ich dazu benutze, die Herzen deiner Freunde zu flicken. Ich kann dich auch benutzen, um ganz Fremden zu helfen. Ich habe dir Gaben geschenkt, die du einsetzen sollst. Ich habe dir auch die Liebe von Jesus und die Kraft des Heiligen Geistes gegeben, damit du deinen Teil dazu beitragen kannst, eine zerbrochene Welt zu flicken. Fädele die Nadel ein, und lass uns an die Arbeit gehen!
Der, der dir liebend gerne hilft, :-)
>Gott

Der Diener von allen

Wir aber, die wir stark sind, sollen das Unvermögen der Schwachen tragen und nicht Gefallen an uns selber haben. Jeder von uns lebe so, dass er seinem Nächsten gefalle zum Guten und zur Erbauung. Denn auch Christus hatte nicht an sich selbst Gefallen ...

(Luther 99) Römer 15,1–3

Hallo, du!
>Hast du schon einmal den Spruch gehört: «Jeder ist sich selbst der Nächste»? Der Spruch steht nicht in meiner Bibel. Es ist ein Spruch, den Menschen benutzen, die nur auf sich selbst gerichtet sind und ihre ganze Zeit und Energie auf ihre eigenen Bedürfnisse verwenden. Aber Jesus verbrachte seine Zeit auf der Erde, indem er Dinge für ANDERE tat. Wenn du wie Jesus leben willst, dann werde, wozu ich dich geschaffen habe: ein Diener.
Die Fernsehwerbung hört sich selten an wie die Bibel. Da heißt es: «Tu dir etwas Gutes; du bist es wert.» Oder: «Du verdienst alles, was du willst, und noch mehr.» Stell dir eine Fernsehreklame vor, die für etwas wirbt mit den Worten: «Dieses Produkt macht Sie zum Untersten in der Rangordnung, zu einem Diener für alle um Sie herum.» Derjenige, der mit diesem Spot ankäme, würde sofort gefeuert! Aber Jesus wurde der Unterste in der Rangordnung, damit du hochgehoben werden konntest. Wenn du so lebst, wie er es tat, dann wirst du erstaunt sein, wie viel besser es sich anfühlt, anderen zu dienen, anstatt nur alles für sich selbst zu raffen.
Der größte Diener, :-)
>Gott

ııll Brunnen Verlag 11:55 100%

Liebe, Gnade, Milchshake

Die Güte des Herrn hat kein Ende, sein Erbarmen hört niemals auf, es ist jeden Morgen neu! Groß ist deine Treue, o Herr!

Klagelieder 3,22–23

Hi, grüß dich!
>Hast du schon einmal einen richtig guten Milchshake getrunken? Er schmeckt so gut, dass man gar nicht will, dass das Glas leer wird. Aber selbst wenn du versuchst, den Milchshake so lange wie möglich zu genießen – wenn er alle ist, ist er alle. Es ist ganz normal, dass man gute Sachen für immer behalten will. Und es ist auch normal, dass man sich davor fürchtet, wenn sie zu Ende gehen. ;-)
Ja, meine Liebe und Vergebung für dich sind die süßesten, unglaublichsten Dinge, die du je erleben wirst. Meine Liebe und Gnade schmecken deinem Herzen und deiner Seele genauso gut, wie deinem Mund und deinem Magen ein richtig guter Milchshake schmeckt. Und das Beste daran ist: Du brauchst dir niemals Sorgen darüber zu machen, dass meine Liebe und Gnade zu Ende gehen könnten. So schnell, wie du sie aufnehmen kannst, gieße ich sie über dir aus. Also trink weiter von meiner Liebe und meiner Gnade.
Der dir die guten Sachen gibt, :-)
>Gott

Bildschirmschoner des Herzens

Mit eigenen Augen werde ich dich schauen dürfen. Sattsehen will ich mich an dir, wenn ich erwache.

Psalm 17,15

Ich hab da mal eine Frage:
>Hast du einen Bildschirmschoner auf deinem Computer? Du weißt doch, wenn du die Maus eine Weile nicht bewegst oder nichts tippst, dann tritt der Bildschirmschoner in Aktion. Auch wenn der Computer noch eingeschaltet ist, schläft er sozusagen. Bis du eine Taste drückst oder die Maus bewegst, ist der Computer für dich nutzlos. :-o
Dasselbe kann auch Christen passieren. Es ist möglich, dass man im Glauben «einschlafen» kann. Nicht, dass du dann aufhören würdest, an mich zu glauben, oder dass du dich vom Glauben löst. Es ist nur so, dass du dann jeden interaktiven Kontakt abschaltest und einfach nur noch so tust als ob. Für mich ist es immer sehr offensichtlich, wenn du in den geistlichen Schlafmodus schaltest. Dann ist da ein Mangel an Aktivität: Du kümmerst dich nicht mehr um andere, es entsteht ein Gefühl der Distanz zwischen dir und mir. >:-(Wenn du in diesem Schlaf bist, dann ist es Zeit aufzuwachen. Bete zu mir und bitte mich, dich wiederzubeleben. Ich werde die Taste deines Herzens drücken, und du wirst wieder anspringen. ;-)
Ich bin immer in Wartestellung für dich, :-)
>Gott

Brunnen Verlag 11:55 100%

Aus Sand werden Perlen

Das eine aber wissen wir: Wer Gott liebt, dem dient alles, was geschieht, zum Guten. Dies gilt für alle, die Gott nach seinem Plan und Willen zum neuen Leben erwählt hat.

Römer 8,28

Hast du Zeit für einen Gedanken?
>Perlen sind wunderschön. Aber wie sie gebildet werden, ist kein schöner Vorgang. Es beginnt mit einer Muschel. Wenn ein Sandkorn in diese Muschel kommt, kann mit der Zeit daraus eine Perle werden. Und das geschieht so: Die Muschel überzieht das Sandkorn mit einer Substanz, die man Perlmutt nennt, um sich gegen das raue, störende Sandkorn zu schützen. Das tut sie viele Male, bis aus dem Korn eine Perle geworden ist. :-o
Genauso, wie dieses Sandkorn in die Muschel hineinkommt, können auch harte Dinge in dein Leben kommen. Diese Dinge können dich stören oder richtig niederdrücken oder sogar verletzen. Aber ich kann diese schlimmen Dinge benutzen, um in deinem Leben Gutes zu bewirken. Wenn du zum Beispiel eine schlechte Note schreibst, dann kann dich das dazu motivieren, besser zu lernen, damit du fürs Leben mehr weißt. Wenn deine Gefühle verletzt werden, kann dir das helfen, andere Menschen mit verletzten Gefühlen besser zu verstehen. Deshalb schlage ich vor: Wenn dir Schwierigkeiten begegnen, dann frag mich, wie wir darauf reagieren können.
Der, der Gutes aus Schlechtem hervorbringt, :-)
>Gott

Brunnen Verlag 11:55 100%

Füllen und tanken

Deshalb wünsche ich für euch alle, dass Gott, der diese Hoffnung schenkt, euch in eurem Glauben mit großer Freude und vollkommenem Frieden erfüllt, damit eure Hoffnung durch die Kraft des Heiligen Geistes wachse.

Römer 15,13

Hallo, Post für dich!
>Autos fahren nicht mit Wasser, Cola oder Sirup. Trotzdem kann man einen Benzintank natürlich mit Wasser füllen. Er ist dann zwar mit irgendetwas gefüllt, aber er hat dann nicht das, was das Auto wirklich braucht, um fahren zu können.
Genauso ist es auch mit dir. Du bist wie ein Tank, der mit vielen Dingen gefüllt werden kann. Aber es ist ein Unterschied, ob du gefüllt oder aufgetankt bist. Nur ich kann dich mit dem betanken, was du brauchst, um perfekt zu «funktionieren». Freunde können das nicht, Geld kann das nicht. Auch der Besitz vieler Dinge kann das nicht. Nur ich kann das. Also: Leere deinen Tank von allem, womit du gefüllt bist, und bitte mich, dich mit der Kraft zu betanken, die du brauchst. Und dann kriegst du einen Energieschub und eine Lebensfreude, die dir keine Disco, keine Musik und kein Film bieten kann. Volltanken bitte! :-)
>Gott

Die Wurzeln gehen tiefer

Doch nicht nur dafür sind wir dankbar. Wir danken Gott auch für die Leiden, die wir wegen unseres Glaubens auf uns nehmen müssen. Denn Leid macht geduldig, Geduld aber vertieft und festigt unseren Glauben, und das wiederum gibt uns Hoffnung.

Römer 5,3–4

Na, wie geht es dir heute?
>Wenn es sehr warm und trocken ist, und wenn es nicht regnet, dann lassen die Bäume ihre Wurzeln immer tiefer in den Boden hineinwachsen, um das zu finden, was sie zum Leben brauchen. Je tiefer die Wurzeln wachsen, desto stärker wird der Baum. Wenn die Wurzeln fest im Boden verankert sind, dann können auch heftige Stürme den Baum nicht umblasen. :-)
Schwierige Dinge, die in deinem Leben passieren, kannst du mit dem trockenen Wetter im Leben eines Baumes vergleichen. Sie können dich dazu bringen, deinen Glauben tiefer in mir zu verwurzeln. Je tiefer die Wurzeln deines Glaubens wachsen, desto stärker wirst du. Je näher du mir kommst, desto mehr wirst du all das finden, was du zum Leben und zum Überleben brauchst. Bald schon wirst du so stark sein, dass du alles bewältigen kannst. Und darum stoße mit all deinen inneren Wurzeln tief in mich vor, wenn die Zeiten schwer sind. Ich werde dich stärken.
Der Boden deines Glaubens, :-)
>Gott

Brunnen Verlag 11:55 100%

Das ist gut geworden!

Dann betrachtete Gott alles, was er geschaffen hatte, und es war sehr gut! Es wurde Abend und wieder Morgen: Der sechste Tag war vergangen.

1. Mose 1,31

Ich hatte Sehnsucht nach dir!
>Immer, wenn du etwas wirklich Cooles gemacht hast, möchtest du dann nicht all deine Freunde um dich herum versammeln und es ihnen zeigen? Du bist dann stolz auf das, was du gemacht hast, und manchmal sogar ein wenig überrascht, wie toll es geworden ist. Genauso geht es mir mit dir! Ich habe dich genau so geschaffen, wie ich wollte. Dann bin ich zurückgetreten und habe mir angesehen, was ich gemacht hatte, und habe gesagt: «Das ist das Coolste, was ich je gesehen habe. Ich möchte, dass alle diesen wunderbaren Menschen sehen, zu dem ich dich gemacht habe.»
Ich weiß alles über dich. Ich kenne das Beste an dir und sogar auch die Dinge, von denen du glaubst, dass sie an dir nicht okay sind. Ich möchte, dass du weißt, dass ich nicht der Meinung bin, etwas an dir sei nicht in Ordnung. Ich könnte nicht stolzer auf dich sein. Ich liebe dich, gerade weil du genauso bist, wie du bist. Du sollst einfach wissen, wenn ich dich ansehe, dann trete ich einen Schritt zurück und sage: «Das ist aber spitzenmäßig geworden.»
Dein Schöpfer, :-)
>Gott

Cool oder uncool

Dass Jesus Christus am Kreuz für uns starb, muss freilich all denen, die verloren gehen, unsinnig erscheinen. Wir aber, die gerettet werden, erfahren gerade durch diese Botschaft vom Kreuz die ganze Macht Gottes.

1. Korinther 1,18

Schalom! Friede mit dir!
>Es interessiert mich überhaupt nicht, ob die Leute mich für cool oder uncool halten. Es ist mir völlig egal, ob sie glauben, dass ich total «out» bin. Mir ist nur wichtig, dass die Menschen die Wahrheit über mich wissen.
Du musst dir dein eigenes Bild von mir machen, egal ob deine Freunde mich für cool halten oder nicht. Glaubst du, dass ich den Himmel, die Erde, alle Geschöpfe und auch dich geschaffen habe? Glaubst du, dass du etwas Größeres als dich selbst brauchst, an dem du dich orientieren kannst? Fühlst du dich manchmal innen drin leer? Hast du das Gefühl, dass du manchmal Hilfe benötigst? Glaubst du, dass ich meinen Sohn Jesus Christus geschickt habe, um am Kreuz zu sterben, damit du dich für ihn entscheiden und eine lebendige Beziehung zu mir haben kannst? Glaubst du, dass ich dich lieb habe?
Du musst dir schon deine eigene Meinung bilden, was du wirklich glaubst. Ob es nun cool ist, das zu glauben, oder nicht. Erforsche dein Herz, erforsche die Bibel, suche mich im Gebet. Ich möchte, dass du die Wahrheit kennst.
Der, an den du glauben kannst, :-)
>Gott

Brunnen Verlag 11:55 100%

Wie isst du deine M&M's?

So verschieden die Gaben auch sind, die Gott uns gibt, sie stammen alle von ein und demselben Geist.

1. Korinther 12,4

Hast du dir darüber schon mal Gedanken gemacht?
>Es gibt viele Arten, wie man M&M's essen kann. Manche stopfen sich eine ganze Hand voll auf einmal in den Mund. Einige essen sie langsam, eines nach dem anderen. Und wieder andere essen sie nach Farben geordnet. Wie man sie isst, hängt von der Persönlichkeit des Essers ab. :-o Es gibt auch viele Arten, dein Christsein zu leben. Es gibt Leute, die es wie Petrus nicht erwarten können, meinen Willen zu tun. Sie sind Menschen der Tat, die sich gerne das ganze Leben auf einmal vornehmen. Dann gibt es solche wie Thomas, die es gern ein bisschen langsamer angehen lassen. Und es gibt Wissenschaftler wie Lukas, den Arzt, die sich gerne viele Gedanken machen. Auf jeden Fall gibt es aber Dinge, die sich alle Christen vornehmen sollten, z. B. den Glauben an Jesus und ein demütiges Herz. Aber nicht jeder Christ soll gleich aussehen oder gleich handeln wie der andere. Ich habe dich einzigartig gemacht. Versuch nicht, mit aller Gewalt so zu sein, wie andere es von dir erwarten. Suche lieber mich, und ich will dir zeigen, wie ich möchte, dass du bist.
Der Vater der Einzigartigkeit, :-)
>Gott

ıııll Brunnen Verlag 11:55 100%

Tu, was er dir sagt

Jesus forderte die Diener auf: «Füllt diese Krüge mit Wasser!» Sie füllten die Gefäße bis zum Rand. [Der Verantwortliche] probierte den Wein, der vorher Wasser gewesen war ... Da rief er den Bräutigam zu sich und warf ihm vor: «Du hast den besten Wein bis jetzt zurückgehalten!»

Johannes 2,7 und 9–10

Grüß dich!
>Bei einer Hochzeit befahl mein Sohn Jesus den Dienern, ein paar Krüge mit Wasser zu füllen und etwas von dem Wasser dem Oberkellner zu bringen. Sie kamen sich bestimmt ein wenig komisch vor, dieses einfache Wasser zum Oberkellner zu bringen. Sie hätten zu Jesus sagen können: «Nein. Auf gar keinen Fall.» Aber das taten sie nicht. Sie taten, was Jesus ihnen aufgetragen hatte. Sie stellten ihre Zweifel zurück und taten, was ihnen gesagt worden war. Und als sie gehorchten, geschah das Wunder. Das Wasser wurde zu Wein. :-o
Auch ich zeige dir nicht immer das ganze Bild. Manchmal fordere ich dich auch auf, Dinge für mich zu tun, die auf den ersten Blick verrückt erscheinen. Aber wenn du weißt, dass ich es bin, der redet, dann tu einfach, was ich dir sage. Wenn du im Glauben handelst, dann wirst du in deinem eigenen Leben Wunder sehen können.
Der mit den speziellen Ideen, ;-)
>Gott

Geh geradewegs hin

Wenn du eine Opfergabe zum Altar bringst und dir fällt plötzlich ein, dass dein Bruder dir etwas vorzuwerfen hat, dann lass dein Opfer am Altar zurück, geh zu deinem Bruder und versöhne dich mit ihm. Erst danach bring Gott dein Opfer dar.

Matthäus 5,23–24

Hi, du hast wieder Post!
>Wenn jemand deine Gefühle verletzt, dann möchte ich, dass du zu dieser Person gehst und mit ihr darüber redest. Ich weiß, es ist einfacher, hinter seinem Rücken schlecht über diesen Menschen zu reden und so zu vermeiden, ihm gegenüberzustehen. Aber das würde nichts nützen. Ich möchte, dass du freundlich und vergebungsbereit bist. Ich möchte auch, dass du mutig bist und dich schwierigen Situationen stellst. Was wie irgendeine riesengroße Sache erscheint, stellt sich oft als reines Missverständnis heraus. Ein anderes Mal ist es ein echtes Problem, und du löst es, indem du darüber sprichst. Und manchmal will sich auch die andere Person nicht damit befassen. Aber wenn du hingehst und so gut du kannst darüber sprichst, dann weißt du, dass du deinen Teil dazu beigetragen hast, um das Problem zu lösen.
Wenn du erst einmal angefangen hast, dich deinen Problemen mit anderen zu stellen, dann wirst du viel weniger Ärger haben, viel mehr Vertrauen und ein viel ehrlicheres Leben.
Der, der dir beisteht, :-)
>Gott

Diese beiden Dinge

Jesus antwortete ihm: «‹Du sollst den Herrn, deinen Gott, lieben von ganzem Herzen, mit ganzer Hingabe und mit deinem ganzen Verstand!› Das ist das erste und wichtigste Gebot. Ebenso wichtig ist aber das zweite: ‹Liebe deinen Mitmenschen wie dich selbst!›»

Matthäus 22,37–39

Ich habe dir etwas ganz Wichtiges zu sagen:
>Müsste ich alles, was ich dir in der Bibel sage, in zwei Sätzen zusammenfassen, dann würde ich schreiben: Liebe mich von ganzem Herzen, und liebe deinen Mitmenschen so, wie du dich selbst liebst. :-o
Die Liebe ist der wertvollste Schatz des Himmels, der dir auf der Erde geschenkt ist. Je mehr Liebe du abgibst, desto mehr Liebe wirst du selbst haben. Ich möchte, dass du meine Liebe empfängst. Und im Gegenzug möchte ich, dass du mich von ganzem Herzen liebst. Je mehr du in diesem Kreislauf der Liebe stehst, desto mehr Liebe kannst du an die Menschen um dich herum abgeben. :-)
Manche Leute wenden so viel Zeit damit auf, Liebe für sich selbst zu empfangen, dass sie niemals Zeit haben, einen anderen zu lieben. Ich möchte, dass du so mit meiner Liebe erfüllt bist, dass du richtiggehend nach Möglichkeiten suchst, wie du andere Menschen lieben kannst. Vertraue mir, und ich werde andere durch dich lieben – sogar deine Feinde.
Der, der dir all seine Liebe gibt, :-)
>Gott

Die Latte liegt zu hoch

Anmut kann täuschen, und Schönheit vergeht wie der Wind – doch wenn eine Frau Gott gehorcht, verdient sie Lob!

Sprüche 31,30

Noch ein Gedanke für dich:
>Heutzutage ist der Druck auf Kinder deines Alters enorm groß: dass sie auf eine bestimmte Art aussehen, handeln und bestimmten Erwartungen entsprechen sollen. Manche Mädchen deines Alters kleiden sich so, dass sie älter aussehen, aber sie sind noch gar nicht reif. Manche von ihnen hungern, um wie ein Model auszusehen, aber sie haben einen ganz anderen Körperbau. :,-(
Nur weil ein groß gewachsener, athletischer Olympia-Hochspringer unglaublich hoch springen kann, gibt es keinen Grund, warum ein kleiner Fünftklässler deprimiert zu Hause sitzen sollte. Und nur weil ein 25-jähriges Model super aussieht, gibt es keinen Grund, warum ein Mädchen in der sechsten Klasse zu Hause sitzen und sich ärgern müsste, weil es nicht so aussieht. So wie die Hochsprunglatte für jemanden zu hoch gelegt ist, der noch nicht ausgewachsen ist, so ist auch die Latte der Erwartungen für das Aussehen zu hoch gelegt. Schmeiß diese Erwartungen raus. Glaube mir: Ich habe dich vollkommen geschaffen. Sei nachsichtig mit dir, und liebe dich so, wie du bist.
Dein Schöpfer, :-)
>Gott

Halte deinen Schild hoch

Du bist mein Schutz und mein Schild; ich hoffe auf dein Wort …
Erhalte mich durch dein Wort, dass ich lebe, und lass mich nicht zuschanden werden in meiner Hoffnung.

(Luther 99) Psalm 119,114 und 116

Ich grüße dich!
>In früheren Zeiten, als die Krieger noch mit Schwertern und Pfeil und Bogen kämpften, da war es eine gute Sache, wenn man einen Schild hatte. Bei all diesen vielen scharfen Waffen, denen man ausgesetzt war, konnte ein Schild der Unterschied zwischen Leben und Tod sein. Aber nur einen Schild zu besitzen, war nicht genug. Man musste ihn auch hochheben, damit er die Schwerter und die Pfeile abwehren konnte.
Ich bin dein Schild. Ich kann dich gegen all die scharfen, hässlichen Dinge schützen, die die Leute zu dir sagen. Ich kann dein Herz davor schützen, dass es von den Pfeilen der Lüge und des schlechten Geredes durchbohrt wird. Aber genauso wie einen echten Schild in der Schlacht musst du auch mich hochheben. Wie das geht? Du kannst mich hochheben, indem du zu mir um Hilfe betest und indem du mir vertraust. Vertraue auf nichts anderes, das dich beschützen soll. Ich bin der einzige Schild, den du brauchst. Wenn du also Schutz brauchst, dann hebe mich einfach in deinen Gebeten hoch, und ich werde dich beschützen.
Dein Schild, :-)
>Gott

Brunnen Verlag 11:55 100%

Ich zeige dir den Weg

Dein Wort ist wie ein Licht in der Nacht, das meinen Weg erleuchtet ... Was uns als dein Wille überliefert wurde, ist mein kostbarer Besitz für alle Zeit und erfüllt mich mit Freude.

Psalm 119,105 und 111

Schalom!
>Wenn du dich an einem fremden Ort verlaufen hättest und wüsstest nicht, in welche Richtung du gehen müsstest, würdest du dir nicht den erfahrensten Führer wünschen, den es gibt, damit er dir hilft, deinen Weg zu finden? Na klar! Heranzuwachsen ist auch ein wenig so, als ob man seinen Weg durch ein unbekanntes Land finden muss. Es gibt viele Sackgassen, falsche Abzweigungen und wichtige Entscheidungen im Leben. Aber du brauchst diesen Weg nicht allein zu gehen. :-)
Ich bin der beste Führer, der dir durch diese Erfahrung des Heranwachsens hindurchhelfen kann. Ich kann dafür sorgen, dass du auf dem richtigen Weg bleibst, und ich kann dich von Gefahren fernhalten. Ich helfe dir nicht nur, dass du heil und mit gutem Schwung hindurchkommst, ich kann dir auch auf dieser Reise mehr Spaß verschaffen, als du je gehabt hast. Ich habe dir die beste Straßenkarte gegeben – die Bibel. Wenn du in der Bibel liest und zu mir um Führung betest, dann beginnen die Dinge, die zunächst verwirrend erschienen, plötzlich einen Sinn zu ergeben. Nimm meine Hand, Kid! :-)
Dein Licht bei Tag und bei Nacht,
>Gott

Du wirst Hilfe kriegen

Hört auf mich, den Herrn, euren Gott, und lebt so, wie es mir gefällt! Haltet euch an meine Gebote und Weisungen! ... Denn ich bin der Herr, der euch heilt!

2. Mose 15,24 und 26

Na, wie geht es dir heute?
>Wenn du eine schwere, besorgniserregende Krankheit hättest und keine Luft mehr bekommen würdest, dann würdest du dir doch sicherlich wünschen, dass der Doktor alles tut, was in seiner Macht steht, um dich zu retten. Genau das geschieht in deinem Leben. Weil du ein Mensch bist, hast du wie alle andern Menschen die Krankheit Sünde in deinem Leben. Die Sünde ist das, was dich davon abhält, ganz nah bei mir zu sein. Und diese Sünde kann verhindern, dass du die Ewigkeit mit mir verbringst, wenn du einmal nicht mehr auf der Erde bist.
Darum brauchst du einen großen ärztlichen Eingriff. Jesus Christus, der große Arzt, muss zu dir kommen und deine Sünde wegnehmen. Er kann das. Er ist an einem Kreuz gestorben, damit deine Heilung möglich wird. Alles, was du tun musst, ist, Jesus um diese Heilung zu bitten. Lass ihn in dein Herz und in dein Leben hineinkommen. Er wird dich reinigen und verbinden und gesund machen. Ruf den großen Arzt.
Dein Vater im Himmel, :-)
>Gott

Brunnen Verlag 11:55 100%

Die Liebe eines Bruders

Geht liebevoll miteinander um, so wie auch Christus euch seine Liebe erwiesen hat. Aus Liebe hat er sein Leben für uns gegeben. Und Gott hat dieses Opfer angenommen.

Epheser 5,2

Heute möchte ich dir eine Geschichte erzählen:
>Es waren einmal zwei Brüder, die sich sehr lieb hatten. Die Eltern brachten beide Jungen ins Krankenhaus, weil der kranke Bruder wegen einer Krankheit eine Blut-Transfusion brauchte. Sie sprachen mit dem gesunden Bruder und erklärten ihm alles. Weil er dieselbe Blutgruppe hatte, brauchten sie etwas von seinem Blut, um es dem kranken Bruder zu geben, damit dieser wieder gesund werden konnte.
Der gesunde Bruder sagte, dass er es verstanden hätte, und er legte sich hin, während sie ihm Blut abnahmen. Als sie fertig waren, fragte der gesunde Bruder ruhig: «Wie lange wird es denn dauern, bis ich sterben werde?» Siehst du, er dachte, weil er seinem Bruder sein Blut gegeben hatte, würde er sterben müssen. Und er war dazu bereit gewesen, damit sein Bruder wieder gesund werden konnte. :-o
Das ist die Art Liebe, die Jesus für dich empfindet. Er ist der Bruder, der dich so sehr liebt, dass er sein Blut für dich vergossen hat und gestorben ist, damit du leben kannst.
Der, der Jesus geschickt hat, :-)
>Gott

Eine Liste von den guten Dingen

Und der Friede, den Christus schenkt, soll euer ganzes Leben bestimmen. Gott hat euch dazu berufen, als Gemeinde Jesu in diesem Frieden ein Leib zu sein. Dankt Gott dafür!

Kolosser 3,15

Hi, alles klar?
>Im Garten Eden hatten Adam und Eva es richtig gut. Sie bekamen alles, was sie wollten, und sie brauchten sich um nichts Sorgen zu machen. Aber sie waren nicht zufrieden. Sie wollten selbst Götter sein. Darum entschlossen sie sich, mir den Rücken zuzukehren, und so musste ich sie bestrafen, indem ich sie aus dem Garten warf. :,-(
Heute haben die Leute leicht reden, wenn sie zurückblickend sagen: «Was für Dummköpfe! Warum konnten die beiden denn nicht sehen, dass sie es so gut hatten?» Aber sieh dein eigenes Leben an. Sieh dir all die guten Dinge in deinem Leben an, und dann sieh, wie selten du mir dafür dankst. Ich werde dich nicht bestrafen, weil du nicht «Danke» sagst, aber du wärst glücklicher, wenn du es tun würdest. Wenn du dankbar bist für das, was du bekommen hast, anstatt immer mehr haben zu wollen, dann wirst du ein glücklicheres Leben führen. Darum mach doch mal eine Liste mit all den guten Dingen in deinem Leben – z. B. deine Gesundheit, deine Familie, deine Freunde, deinen Platz zum Schlafen und das Essen auf dem Tisch –, und sag «Danke» dafür.
Der dir alle guten Dinge gibt, :-)
>Gott

Setz die Sonnenbrille ab

Richtet eure Gedanken auf Gottes unsichtbare Welt und nicht auf das, was die irdische Welt zu bieten hat.

Kolosser 3,2

Grüß dich!
>Stell dir vor, du bist an einem super-sonnigen Tag draußen und trägst eine extrem dunkle Sonnenbrille. Da würde es doch gar nicht sonnig aussehen, oder? Viele Menschen gehen durch das Leben und bemerken überhaupt nicht, wie wunderbar das Leben in Wirklichkeit ist. Sie legen sich eine schlechte Einstellung zu, so als ob sie eine mega dunkle Sonnenbrille aufsetzen würden. Ihnen ist egal, wie viel Gutes es in ihrem Leben gibt. Sie wollen stattdessen nur das Schlechte sehen. Eine solch schlechte Einstellung wird alles beeinflussen, was man ansieht, genauso wie eine Sonnenbrille. >:-(
In deinem Leben wird es immer Gutes und Schlechtes geben. Oft hängt dein Glücklichsein davon ab, über welche Dinge du nachdenkst. Ich möchte, dass du ein Mensch bist, der sich auf das Gute konzentriert anstatt auf das Schlechte. Ich möchte, dass du dankbar bist und deinen Dank auch ausdrückst. Lass nicht zu, dass eine schlechte Einstellung deinen Blick verdunkelt. Setz diese negative Sonnenbrille ab, und blicke in das Licht deines Lebens.
Der, der das Licht gibt, :-)
>Gott

Brunnen Verlag 11:55 100%

Ich bin echt, ich bin real

Gott, der Herr, spricht: «Ich bin der Anfang, und ich bin das Ziel, das A und O.» Ja, er ist immer da, von allem Anfang an, und er wird kommen: der Herr über alles!

Offenbarung 1,8

Du hast wieder Post!
>Ich bin echt, und ich bin real. Ob du an mich glauben willst oder nicht, das macht mich nicht weniger echt. Ob deine Eltern an mich glauben oder nicht, bedeutet nicht, dass ich nicht jeden Tag in ihrem Leben wirke. Ob deine Freunde an mich glauben oder nicht, ändert nichts an der Tatsache, dass ich meinen einzigen Sohn auf die Erde geschickt habe, damit er für jeden einzelnen Menschen sterben musste.
Was wäre, wenn der Mann vom Wetterbericht sagen würde, dass ein Wirbelsturm direkt auf dein Haus zukommt? Du könntest einfach dasitzen, die Augen schließen und dich weigern, das zu glauben. Aber das würde nichts daran ändern, dass du gleich weggeweht werden würdest. >:-(
Ob du an mich glauben willst, macht einen riesengroßen Unterschied. Wenn du an mich glauben willst, dann wirst du immer mehr mit mir erleben. Du wirst sehen: Da geht die Post ab!
Glaube an mich, :-)
>Gott

Das große Tauziehen

Denn wir kämpfen nicht gegen Menschen, sondern gegen Mächte und Gewalten des Bösen, die über diese gottlose Welt herrschen und im Unsichtbaren ihr unheilvolles Wesen treiben.

Epheser 6,12

Grüß dich, Kid!
>Sag mal, hast du schon mal bei einem Tauziehen mitgemacht? In der Mitte eines dicken Seils ist ein farbiges Band. Dann bekommt jede Gruppe ein Ende des Seils und versucht, das farbige Band auf ihre Seite zu ziehen. Welche Gruppe gewinnt? – Natürlich die stärkste. ;-) Nun, mit dir findet auch ein heftiges Tauziehen statt. Es ist, als ob du das farbige Band in der Mitte wärst. Ich will dich ins Licht ziehen, aber etwas Böses will dich in die Dunkelheit zerren. Ich will dich Richtung Freundschaft, Freude und Frieden ziehen. Das Böse aber versucht, dich Richtung Egoismus, Sünde und Sorge hinzuziehen. Manchmal kannst du dieses Zerren in deinem Herzen fühlen. Immer wenn du weißt, dass du das Richtige tun solltest, spürst du mich ziehen. Aber wenn du einfach keine Lust hast, das Richtige zu tun, oder wenn du stattdessen etwas ganz Übles tun willst, dann kannst du spüren, wie das Böse zieht. >:-(Und wer gewinnt bei diesem Tauziehen in deinem Herzen? Ich bin auf jeden Fall stärker, aber du musst dich ziehen lassen. Wenn du fühlst, wie ich ziehe, dann geh mit mir.
Glaub mir, ich bin der Stärkste, :-)
>Gott

Lass dich nicht unterkriegen

Mit meinem Geist habe ich ihn erfüllt. Er kann Pläne entwerfen und nach ihnen Gegenstände aus Gold, Silber oder Bronze anfertigen; er hat die Fähigkeit, Edelsteine zu schleifen und in Gold zu fassen; er versteht sich auf das Bearbeiten von Holz und auf ... Kunsthandwerk.

2. Mose 31,3–5

Ey, Post für dich!
>Ich habe dich zu einem sehr kreativen Menschen gemacht. Ich habe dir wunderbare Gaben in deine Hände gegeben. :-) Kreativität ist etwas, das ich allen Menschen gebe. Ganz kleine Kinder malen gern. Es ist ihnen egal, was sie malen, weil sie einfach nur gerne etwas schaffen. Aber später bekommen sie gesagt, wer gut malt und wer nicht. Man schreibt ihnen vor, wie sie Dinge auf eine bestimmte Art machen sollen und dass sie innerhalb der Linien bleiben sollen. Deswegen hören manche Kinder einfach auf, kreativ zu sein. Sie fangen an, sich mit anderen Kindern zu vergleichen, anstatt dass sie einfach weiterhin Dinge tun, weil sie Spaß daran haben. >:-(
Ich möchte nicht, dass du dir von irgendjemandem die Freude an deiner Kreativität stehlen lässt. Ich bin hier, um dich davon zu befreien «innerhalb der Linien auszumalen». Ich bin das kreativste Wesen auf der Welt, und du bist mein Kind. Also, was immer du gerne schaffen möchtest, mach es, und lass dich von niemandem davon abhalten.
Der dich geschaffen hat, :-)
>Gott

Brunnen Verlag 11:55 100%

Steig in die Wanne

So spricht der Herr: «Kommt, wir wollen miteinander verhandeln, wer von uns im Recht ist, ihr oder ich. Eure Sünden sind blutrot, und doch sollt ihr schneeweiß werden. Sie sind so rot wie Purpur, und doch will ich euch rein waschen wie weiße Wolle.

Jesaja 1,18

Hallo, da bin ich wieder!
>Stell dir mal einen kleinen Jungen vor, der draußen im Matsch gespielt hat. Er ist jetzt von Kopf bis Fuß voll mit getrocknetem Matsch. Er muss unbedingt baden. Glaubst du, er wird sich schämen zu baden, nur weil er so dreckig ist? Nein! Er weiß, dass Badewannen dazu da sind, Menschen sauber zu machen, und er wird ins Wasser springen. :-)
Und warum solltest du nun meinen, du müsstest zuerst deine Handlungen bereinigen, bevor du zu mir kommen könntest? Ich weiß doch, dass die Welt ein ganz schön dreckiger Ort sein kann. Und ich weiß auch, dass du manchmal denkst, dass du von Kopf bis Fuß mit dem Dreck der Sünde bedeckt bist. Aber ich bin wie die Badewanne. Ich erwarte von dir nicht, dass du dich wäschst, bevor du zu mir kommst. Ich bin doch da, um dich zu waschen! Also komm zu mir. Schäme dich nicht. Bekenne deine Sünden. Steig in die Wanne, und ich werde dich reinwaschen.
Der große Badewannen-Meister, ;-)
>Gott

Sei einfach du selbst

Jesus hörte das und antwortete: «Die Gesunden brauchen keinen Arzt, sondern die Kranken! ... Ich bin gekommen, um Menschen in die Gemeinschaft mit Gott zu rufen, die ohne ihn leben – und nicht solche, die sich sowieso an seine Gebote halten.»

Matthäus 9,12–13

Ich hatte Sehnsucht nach dir!
>Ich habe Jesus auf die Erde geschickt, damit er die wirklich kaputten Leute lieben sollte und nicht nur diejenigen, die so aussehen, als ob sie alles unter Kontrolle hätten. Wenn du glaubst, ich würde darauf warten, dass du deine besten Sachen anziehst und dich perfekt und makellos verhältst, bevor ich dich liebe, dann täuschst du dich aber gewaltig. Ich liebe dich genau jetzt, in dieser Sekunde, genau so, wie du jetzt bist. Ich weiß alles, was du richtig und auch was du falsch gemacht hast, und doch liebe ich dich als ganze Person. :-)
Was wäre, wenn du jemanden wirklich lieb hättest, aber dieser Mensch immer nur sauber gebadet und in seinen besten Kleidern und mit seinem besten Benehmen mit dir zusammen sein will? Es würde dich sicher traurig machen, denn wenn man jemanden wirklich lieb hat, dann möchte man immer mit diesem Menschen zusammen sein – an guten und auch an schlechten Tagen. Und genauso geht es mir mit dir. Du sollst nicht glauben, dass du nur mit deiner Schokoladenseite zu mir kommen kannst. Sei einfach du selbst.
Der dich lieb hat, :-)
>Gott

Brunnen Verlag 11:55 100%

Du kannst sie nicht verdienen

Denn nur durch seine unverdiente Güte seid ihr vom Tod errettet worden. Ihr habt sie erfahren, weil ihr an Jesus Christus glaubt. Dies alles ist ein Geschenk Gottes und nicht euer eigenes Werk. Durch eigene Leistungen kann man bei Gott nichts erreichen.

Epheser 2,8–9

Ich grüße dich, Kid!
>Du kannst überhaupt nichts tun, damit ich dich weniger oder mehr liebe. Du könntest die schlimmsten Dinge auf der ganzen Welt tun, und deswegen würde ich dich nicht weniger lieben. Sicherlich, es würde mich traurig machen, aber deswegen würde ich dich nicht weniger lieben. :-o Du könntest aber auch alten Damen über die Straße helfen, dein ganzes Geld den Armen spenden, und nichts davon würde meine Liebe zu dir auch nur ein bisschen größer machen. Ich würde mich für diejenigen freuen, denen du geholfen hast, aber ich würde dich deswegen nicht noch mehr lieben, als ich es jetzt schon tue. Die Entscheidungen, die du triffst, zeigen nur, wie sehr DU mich liebst. Aber sie haben keinen Einfluss darauf, wie sehr ICH dich liebe. Wenn du also Gutes tust, dann tue es, um mich zu ehren und um andere Menschen zu segnen. Wenn du zum Gottesdienst gehst, dann geh, um für dich etwas Wertvolles zu bekommen und um etwas zurückzugeben. Aber tu nichts davon, um zu erreichen, dass ich dich mehr liebe. Ich liebe dich jetzt schon hundertprozentig. :-)
>Gott

Brunnen Verlag 11:55 100%

Applaudiere dem Mutigen

Fällt gerechte Urteile! Geht liebevoll und barmherzig miteinander um! ... Schmiedet keine bösen Pläne gegeneinander!

Sacharja 7,8

Heute habe ich wieder eine Geschichte für dich:
>Es war einmal ein kleines Mädchen namens Katharina. Sie hatte Probleme mit dem Sprechen, denn sie stotterte. Deswegen hatte sie immer fürchterliche Angst, wenn sie vor ihrer Klasse sprechen musste. Was sie am meisten schreckte, war das Referat am Ende des Schuljahres. :-(
Katharina stellte sich nervös vor die Klasse und begann zu sprechen: «K-K-K-Kon-Konrad A-A-A-Adenauer ...» Einige ihrer Klassenkameraden fingen an zu lachen. Die Lehrerin schimpfte sie aus, und Katharina fuhr fort. Sie stotterte während des gesamten Vortrags. Als sie schließlich fertig war, wäre sie am liebsten vor Scham gestorben, aber die Lehrerin klatschte Beifall. Jetzt applaudierten auch die Kinder, weil Katharina so mutig gewesen war. :-o
Warum ich dir diese Geschichte erzähle? Weil ich möchte, dass du entscheidest, was für ein Mensch du sein willst. Wenn du jemanden siehst, der mit etwas zu kämpfen hat, wirst du ihn auslachen oder ihm applaudieren? Ich möchte, dass du ihm zujubelst. Ich jubele dir schließlich auch zu. :-)
>Gott

Brunnen Verlag 11:55 100%

Geh hin und rede mit ihnen

Deshalb seid wach und haltet euch bereit! Denn ihr wisst weder an welchem Tag noch zu welchem Zeitpunkt der Menschensohn kommen wird.

Matthäus 25,13

Etwas zum Nachdenken:
>Wenn du erfahren würdest, dass du nur noch einen Tag zu leben hättest, und du könntest noch mit einem Menschen sprechen, bevor du stirbst, wen würdest du anrufen? Was würdest du sagen? Vielleicht würdest du einen Freund oder eine Freundin anrufen und dich für etwas entschuldigen, das du falsch gemacht hast. Vielleicht würdest du ins andere Zimmer gehen und deiner Mama oder deinem Papa sagen, wie lieb du sie hast. Nun, warum willst du damit warten, bis du sterben musst? Wenn es etwas gibt, das du jemandem sagen musst, dann tu es. Das Leben ist zu kurz, um solche wichtigen Dinge für dich zu behalten. :-o Es ist schon komisch, wie die Leute herumlaufen, mit allerlei eingepackten Gefühlen und Gedanken, die sie doch ausdrücken sollten. Aber sie fühlen sich blöd, wenn sie es tun. Sie haben Angst vor dem, was die anderen Leute dann wohl von ihnen denken könnten. Liebe und Freundschaft sind etwas ganz Wichtiges. Die Menschen in deinem Leben müssen von dir hören. Geh hin und erzähle ihnen, was du für sie empfindest und wie du dich fühlst.
Der mit dir spricht, :-)
>Gott

Brunnen Verlag 11:55 100%

Schreib es auf

Der Herr sprach zu mir: «Was ich dir in dieser Vision sage, das schreibe in deutlicher Schrift auf Tafeln! Jeder soll es lesen können.»

Habakuk 2,2

Schalom!
>Fällt es dir manchmal schwer zu beten? Gehen deine Gedanken dabei auch auf Wanderschaft? Wenn das so ist, dann möchte ich dir einen Vorschlag machen. Versuche doch einfach, deine Worte während des Betens einmal aufzuschreiben. Das funktioniert sicher nicht bei jedem, aber du kannst es doch bestimmt mal versuchen. Schreib auf, was immer dir in den Sinn kommt, wie: «Guten Morgen, Gott, ich bin's. Ich bete, dass du heute bei mir bist. Ich habe dich sehr lieb. Danke, dass du mich so sehr liebst.» Du kannst auch die Namen von Leuten aufschreiben, für die du beten möchtest. Du kannst auch schreiben: «Was möchtest du mir heute sagen, Gott?» Dann höre auf meine leisen Worte. Wenn du spürst, dass ich zu dir spreche, dann schreibe die Worte auf, die du mich sagen hörst. Wenn du das tust, kann dir das beim Beten helfen, und später hast du großartige Aufzeichnungen, über was wir uns alles unterhalten haben. :-) Du kannst mich dabei ganz einfach Vater oder sogar Papa nennen. Sei einfach ganz ehrlich und sei du selbst. Versuch's doch einfach mal!
Der deine Gebete hört, :-)
>Gott

Brunnen Verlag 11:55 100%

Meine Pläne für dein Leben

Der Mensch denkt über vieles nach und macht seine Pläne, das letzte Wort aber hat Gott. Der Mensch hält sein Handeln für richtig, aber Gott prüft die Motive. Vertraue Gott deine Pläne an, er wird dir Gelingen schenken.

Sprüche 16,1–3

Du hast Post!
>Hast du einen Plan für dein Leben? Viele haben das. Sie sagen, sie wollen im Gymnasium spitzenmäßige Noten bekommen, damit sie einen prima Studienplatz erhalten. Sie sagen, dass sie einen guten Universitäts-Abschluss machen wollen, damit sie eine gute Stelle bekommen und viel Geld verdienen. Sie wollen viel Geld verdienen, damit sie sich viele Dinge kaufen können. Und wenn sie pensioniert werden, dann können sie die letzten fünfzehn Jahre ihres Lebens damit verbringen, einem runden Golfball hinterherzujagen oder an einem Strand in den Tropen herumzuliegen. ;-)
An alledem ist nichts Verkehrtes, außer wenn es sich nicht mit meinen Plänen deckt. Nichts ist vergleichbar mit den Dingen, die ich in deinem Leben tun will, wenn du mich zu deinem ersten Lebensziel machst. Wenn du mir dein Leben zu einhundert Prozent gibst, dann werde ich es mit Sinn statt mit Bedeutungslosigkeit füllen. Ich sage dir damit nicht, dass du die Schule aufgeben und gar keine Pläne mehr machen sollst. Ich sage dir nur, dass du nach meinem Plan für dein Leben suchen sollst. Und dann bleib dran!
Es wird toll werden! :-)
>Gott

Brunnen Verlag 11:55 100%

Nicht nur deine Gaben

Der Herr ist unser Gott, der Herr allein. Ihr sollt ihn von ganzem Herzen lieben, mit ganzer Hingabe, mit all eurer Kraft.

5. Mose 6,4–5

Ich möchte dir eine Geschichte erzählen:
>Es war einmal ein sehr schüchterner Mann, der eine der schönsten Singstimmen auf der ganzen Welt hatte. Aber anstatt Sänger zu werden, übernahm er das elterliche Geschäft. Er war sehr freundlich und verdiente gut. Er hatte auch einen tiefen Glauben an mich und unterrichtete die große Gruppe in der Sonntagsschule. Er heiratete und hatte vier Kinder, die er zu wunderbaren Menschen erzog. Er liebte es, unter der Dusche und in der hinteren Reihe des Kirchenchores zu singen, aber er sang niemals ein Solo.
Als der Mann starb, kam er in den Himmel. Als er dann vor mir stand, fragte er mich: «Bist du enttäuscht, dass ich kein Sänger geworden bin?» Ich lächelte ihn an und sagte zu ihm, dass sein ganzes Leben ein wunderbares Loblied für mich gewesen ist.
Mein Kind, ich möchte nicht, dass du dich so total darauf versteifst, deine Gaben für mich einzusetzen, dass du dabei vergisst, dein *ganzes Leben* für mich zu leben.
Lobe mich mit deinem Leben, :-)
>Gott

Der richtige Blickwinkel

Schließlich, meine lieben Brüder und Schwestern, orientiert euch an dem, was wahrhaftig, gut und gerecht, was redlich und liebenswert ist und einen guten Ruf hat, an dem, was auch bei euren Mitmenschen als Tugend gilt und Lob verdient.

Philipper 4,8

Hallo, du!
>Eine Videokamera ist eine tolle Methode, um bedeutende Ereignisse aufzunehmen. Du kannst sie auf alles richten, an das du dich erinnern möchtest, und es aufnehmen. Dann kannst du es dir später ansehen. Aber hast du schon einmal Leute gesehen, die so damit beschäftigt waren, die bedeutenden Momente ihres Lebens zu filmen, dass sie dabei ganz vergessen haben, diese Momente auch zu erleben? >:-(Daraus sollst du lernen. Ich möchte nicht, dass du dein Leben damit verbringst, dich auf die falschen Dinge zu konzentrieren. Du kannst dir den Kopf darüber zerbrechen, was du anziehen willst, anstatt darüber nachzudenken, ob du dich in diesen Kleidern wohlfühlen wirst. Du kannst dir so viele Sorgen darüber machen, ob du mit den «richtigen» Freunden zusammen bist, dass du die Chance verpasst, dich mit jemandem aus einer anderen Gruppe anzufreunden.
Halte deinen Blick auf die ganz wichtigen Dinge gerichtet: Freundschaft, Wahrheit, Liebe, Glaube, Hoffnung und Freundlichkeit.
Der dir hilft, den richtigen Blick zu bekommen, :-)
>Gott

ııll Brunnen Verlag 11:55 100%

Dieser eine Augenblick

Deshalb sorgt euch nicht um morgen – der nächste Tag wird für sich selber sorgen! Es ist doch genug, wenn jeder Tag seine eigenen Lasten hat.

Matthäus 6,34

Halli-Hallo!
>Diese Sekunde, während der du gerade dieses Buch liest, ist die einzige Sekunde, in der du eigentlich lebst. Das Witzige ist, dass viele Menschen die meisten ihrer «Hier-und-jetzt»-Augenblicke damit verbringen, sich schuldig zu fühlen wegen Dingen, die sie in der Vergangenheit getan haben, oder damit, sich Sorgen zu machen über Dinge, die in der Zukunft passieren könnten. Das ist aber nicht das Leben. Genau jetzt ist dein Leben. Und warum solltest du es durcheinander bringen, indem du es mit Schuldgefühlen der Vergangenheit und den Sorgen der Zukunft anfüllst?
Wenn du in der Vergangenheit alles durcheinander gebracht hast, dann bekenne deine Sünde, und lass mich dir vergeben. Wenn du dir Sorgen über etwas in der Zukunft machst, dann bitte mich, dass ich dir Mut gebe. Und dann lebe dein Leben frei von all den Schuldgefühlen und Sorgen. Erfreue dich an diesem Augenblick, denn er ist der einzige Augenblick, den du wirklich hast.
Der dir alle Augenblicke gibt, :-)
>Gott

ıııll Brunnen Verlag 11:55 100%

Hol das Allerletzte heraus

Der Dieb kommt, um zu stehlen, zu schlachten und zu vernichten. Ich aber bringe Leben – und dies im Überfluss.

Johannes 10,10

Sei gegrüßt!
>Wenn ein Raubtier seine Beute auffrisst, dann verschlingt es manchmal das ganze Fleisch und knackt sogar noch die Knochen auf und saugt das Mark heraus. Das ist echter Heißhunger (und auch ganz schön brutal).
Für diese Art des Hungers gibt es eine Redensart. Sie heißt: «Man holt das Allerletzte heraus.» Das bedeutet, dass man alles aus dem Leben herausholt, was nur möglich ist, so lange man lebt. Es bedeutet nicht, dass man in riesigem Reichtum oder totaler Gefahr leben soll. Es bedeutet, dass man jeden Augenblick so lebt, als ob er wirklich von allergrößter Bedeutung wäre, denn so ist es ja schließlich. Rieche an den Blumen. Lege dich auf eine Wiese. Klettere auf einen Baum. Sag all den Menschen, die du lieb hast, wie viel sie dir bedeuten. Tue etwas ganz Liebes für jemanden. Beschließe, dir keine Sorgen mehr zu machen. Lebe dein Leben für mich. Sei nicht damit zufrieden, auf der Couch zu sitzen und im Fernsehen zuzusehen, wie andere Leute angeblich leben. Sei so hungrig nach dem wirklichen Leben, dass du nach draußen gehst und es ganz in dich aufnimmst, bis ins Allerletzte.
Der dir das Leben schenkt, :-)
>Gott

Brunnen Verlag 11:55 100%

Eine Mission für dich

Wenn du jemandem hilfst, dann soll deine linke Hand nicht wissen, was die rechte tut; niemand soll davon erfahren. Dein Vater, der auch das Verborgene sieht, wird dich dafür belohnen.

Matthäus 6,3–4

Schalom!

>Es ist traurig zu sehen, wenn Leute etwas Falsches tun – dann versuchen sie um jeden Preis zu verhindern, dass jemand anders irgendetwas davon mitbekommt. Aber wenn dieselben Leute etwas Gutes tun, dann trompeten sie förmlich heraus: «Schaut mal, was für ein guter Mensch und Wohltäter ich doch bin!»

Darum schicke ich dich heute auf eine Mission. Ich möchte, dass du etwas Gutes für jemanden tust, nur aus Freude an der Tat. Und jetzt kommt der schwierige Teil: Ich möchte, dass du alles tust, damit dieser Mensch nicht erfährt, dass du es warst. Es wird nicht völlig geheim bleiben. Du und ich werden wissen, was du getan hast, und wir werden eine riesige Freude daran haben. :-)

Wenn es funktioniert, dann versuche, ob du in Zukunft weitere solcher «geheimer Missionen» planen kannst. Du wirst anfangen, dieses Gefühl zu lieben, heimlich Wohltaten zu tun. Nun mach dich an die Arbeit. Geh los und erfülle deine Mission.

Dein heimlicher Verbündeter, :-)

>Gott

Bete mich an

Alle Völker der Erde werden dich anbeten und deinen Namen besingen. Kommt und seht, was Gott getan hat, wie gewaltig sind seine Taten unter den Menschen!

Psalm 66,4–5

Hi, ich grüße dich!
>Hast du gewusst, dass ich dich geschaffen habe, damit du mich anbetest? Es ist, als ob tief in dir drin regelmäßig ein Impuls ausgelöst wird, der dich dauernd daran erinnert und dich bittet, mich – den lebendigen Gott! – anzubeten. Wenn du aber nicht mich anbetest, dann wirst du mit Sicherheit etwas anderes anbeten. Schau dir nur mal die ganzen Teenie-Magazine an und wie die Leute irgendwelche Rockstars und Sportskanonen anbeten. Es ist ganz normal, dass sie das tun, denn Menschen beten von Natur aus etwas an, das sie hoch über sich empfinden.
Aber diese Schauspieler, Models, Musiker und Athleten sind auch nur Menschen aus Fleisch und Blut, und sie sind nicht dazu gedacht, angebetet zu werden. Wenn du also siehst, dass deine Freunde die eine oder andere Person anbeten, und du dich versucht fühlst, das auch zu tun, dann mach dir klar, dass das nur Menschen sind. Bete lieber mich an. Dazu wurdest du geschaffen.
Der, den du anbeten sollst, :-)
>Gott

Brunnen Verlag 11:55 100%

Sag mir, wo es wehtut

Er hat mich gesandt, den Armen die frohe Botschaft zu bringen
und die Verzweifelten zu trösten.

Jesaja 61,1

Hast du ein wenig Zeit für mich?
>Ich möchte dein Herz heil machen. Ich möchte deine tiefen Verletzungen und deine verborgenen Ängste heilen. Ich möchte deine Gefühle und deinen Geist heil und gesund machen. Viele Leute halten diesen Gedanken für ziemlich riskant. Manche verbringen ihr ganzes Leben damit, vor dieser Heilung davonzulaufen. Sie behalten lieber ihren Schmerz ganz tief in ihrem Innern, weil sie an ihn gewöhnt sind. Sie fürchten, dass die Heilung sie mehr schmerzt, als dass sie ihnen hilft. :,-(
Nun, eine richtige Heilung tut bestimmt auch ein bisschen weh. Wenn du operiert wirst, hast du hinterher auch noch Schmerzen. Dinge, die vorher verborgen waren, kommen nun ans Licht und werden geradegerückt. Aber genau wie bei einer Operation wird es dir nach der Heilung, die ich an deinem verletzten Herzen vornehmen will, besser gehen als vorher. :-)
Und darum brauchst du meine Heilung nicht zu fürchten. Öffne dich mir. Sag mir, wo es wehtut. Sag mir, was oder wer dir wehgetan hat. Bitte mich, dein Herz zu heilen, und ich werde es tun.
Dein Heiler, :-)
>Gott

Bring mir die ganze Orange

Ich aber bin der gute Hirte und kenne meine Schafe, und sie kennen mich; genauso wie mich mein Vater kennt und ich den Vater kenne.

Johannes 10,14–15

Wieder mal eine Mail für dich!
>Hast du dir schon einmal bewusst gemacht, wie du eine Orange schälen musst, um an das gute Fruchtfleisch zu kommen? Genauso musst du es machen, wenn du andere Menschen kennen lernst. Jeder hat eine äußere Schale, so wie die Orangenschale. Diese Schale beschützt ihn und wacht über die Person, die dahinter ist. Die Schale ist es, die Menschen hilft, im Leben zu funktionieren. :-o
Ihre äußere Schale ist vielleicht ein mürrisches Wesen oder Schüchternheit oder auch ständige Freundlichkeit. Ich will damit aber nicht sagen, dass ihr äußeres Verhalten nicht ein Teil ihres Wesens sei. Ich sage nur, dass das Beste erst zum Vorschein kommt, wenn man die Schale hinter sich gelassen hat. :-o Viele Menschen sind zufrieden, ihr ganzes Leben damit zu verbringen, nur die äußere Schale von anderen Menschen zu kennen. Aber so bin ich nicht. Ich möchte, dass du mir zeigst, wer du wirklich bist. Ich möchte deine äußere Haut abschälen und sehen, wer du innen drin wirklich bist. Ich möchte das Verborgene, Großartige an dir kennen lernen!
Der nach dem Echten sucht, :-)
>Gott

Brunnen Verlag 11:55 100%

Steig herunter vom Baum

Ich sage euch die Wahrheit: Ein Weizenkorn, das nicht in den Boden kommt und stirbt, bleibt ein einzelnes Korn. In der Erde aber keimt es und bringt viel Frucht, obwohl es selbst dabei stirbt.

Johannes 12,24

Hi, da bin ich wieder!
>Auf einem Apfelbaum könnte der perfekteste Apfel der ganzen Welt wachsen. Er könnte dabei ein vollkommenes Rot haben, eine wunderbare Form und ganz lecker und süß sein. Aber wenn dieser Apfel nur am Baum hängen und am Schluss verfaulen würde, dann wäre er wertlos gewesen. Der Apfel soll lebenden Wesen als Nahrung dienen und aus seinen Kernen weitere Apfelbäume hervorbringen. Wenn das nicht geschieht, dann ist der Sinn seiner Existenz verloren. >:-(Genauso habe ich dich auch nicht nur für dich selbst geschaffen. Dein Zweck im Leben ist nicht, dass du so blendend wie möglich aussiehst. Nein, du sollst in deiner Welt und im Leben anderer Menschen einen bleibenden Eindruck hinterlassen. Du kannst die Welt für mich verändern. Ich habe dir die Fähigkeit gegeben, andere zu ernähren, seelisch und auch geistlich. Ich habe dich mit der Wahrheit von Jesus vertraut gemacht, und ich möchte, dass du anderen Menschen von dieser Wahrheit erzählst. Und darum häng hier nicht einfach nur am Baum herum und sieh schön aus. Steig herunter und tu etwas. Ich helfe dir, die Welt zu verändern, :-)
>Gott

Schließ dich der Revolution an

Als Jesus durch die Stadt ging, sah er den Zolleinnehmer Matthäus am Zoll sitzen. Jesus forderte ihn auf: «Komm, geh mit mir!» Sofort stand Matthäus auf und folgte ihm.

Matthäus 9,9

Wie geht es dir heute?
>Hast du eigentlich gewusst, dass ich dich in meiner Revolution dabeihaben möchte? Eine Revolution ist etwas, das die Denkweise der Menschen völlig verändert. Ich möchte, dass du dein Leben dazu benutzt, deine Welt auf den Kopf zu stellen. Wenn die Leute sagen: «Du musst auf den Besten und Stärksten achten», dann möchte ich, dass du zu ihnen sagst: «Nein, ihr müsst auf die anderen achten.» Wenn Menschen Außenseiter verachten, dann möchte ich, dass du sie freundlich behandelst (die Außenseiter, meine ich). Wenn Leute ihr Leben damit vergeuden wollen, so wenig wie möglich zu tun, dann möchte ich dir helfen, dass wenigstens *du* etwas Erstaunliches und Wunderbares vollbringen kannst. Wenn die Leute ganz mit sich selbst gefüllt sind, dann möchte ich, dass du mit dem Heiligen Geist gefüllt bist. Wo Hass und Zorn sind, dahin sollst du Liebe bringen. Wo nur Hoffnungslosigkeit ist, da sollst du die Hoffnung hinbringen, die wir in Jesus haben. :-) Jesus war der größte Revolutionär. Er veränderte alles für alle Zeiten. Und wenn du mir vertraust, dann mache ich aus dir auch einen Revolutionär.
Dein Anführer, :-)
>Gott

Großes von kleinen Leuten

Doch David rief zurück: «Du, Goliat, trittst gegen mich an mit Schwert, Lanze und Wurfspieß. Ich aber komme mit der Hilfe des Herrn. Er ist der Herr, der allmächtige Gott, und der Gott des israelitischen Heeres. Ihn hast du eben verspottet.»

1. Samuel | 17,45

Na, alles klar?
>Du kannst erstaunliche Dinge tun, wenn du dir von mir helfen lässt. Sieh dir mal den Hirtenjungen David an. Er war klein und unerfahren und schwach im Vergleich zu Goliat, diesem Riesen. Aber Goliat vertraute auf seine eigene Größe und Stärke, mit der er diesen letzten Kampf gewinnen wollte, und David vertraute auf etwas anderes: auf mich! Mit meiner Hilfe fegte dieser kleine Junge diesen Riesen mit einem kleinen Stein hinweg. Es war ein direkter Treffer an den Kopf. :-o
Welches sind denn die Riesen in deinem Leben? Welches sind die Dinge, von denen du glaubst, dass du sie nicht besiegen kannst? Ich möchte, dass du weißt, dass du großartige Dinge tun kannst, unabhängig von deiner Größe, deinem Alter oder deinen Fähigkeiten. Wenn du mir vertraust, wie es David getan hat, dann will ich dir meine Kraft geben, damit du riesige Gegner überwinden und große Dinge vollbringen kannst.
Der Riesenbezwinger, :-)
>Gott

Selbst die kleinsten Dinge

«Das geht nicht! Ich kann mich ja kaum darin bewegen», sagte er und zog die Rüstung wieder aus. Stattdessen nahm er seinen Hirtenstock und seine Steinschleuder, holte fünf flache Kieselsteine aus einem Bach [und] schritt dann auf den Riesen zu.

1. Samuel 17,39–40

Schalom!
>König Saul hatte versucht, David in eine Montur mit einem großen Schwert zu stecken, aber die passte nicht zu David. Da stand dieser Riese Goliat, mit einer äußerst eindrucksvollen Rüstung bekleidet, und wonach griff David? Nach einer Laserpistole? Nach einer Atomrakete? Nach einem von einem Esel gezogenen Panzer? Nein. Er bückte sich und hob ein paar kleine runde Steine auf, die er in seine Steinschleuder legen konnte. Du kannst das damit vergleichen, als ob du dich mit Pfeil und Bogen vor einen voll bewaffneten Kampfsoldaten stellen würdest. Aber die Munition, die David gewählt hatte, war nicht so wichtig wie sein Glaube an mich. ;-)
Für dein Leben gilt das Gleiche. Manchmal wirst du mit ziemlich schwierigen Dingen konfrontiert. Und du hast dann vielleicht das Gefühl, dass du nicht viel hast, womit du dagegen kämpfen könntest. Aber wenn du auf mich vertraust, dann kann ich sogar die kleinsten Dinge benutzen, um dir da herauszuhelfen. Dein Glaube an mich macht dich zum Sieger.
Ich rechtfertige dein Vertrauen immer, :-)
>Gott

Ich gebe dich nicht auf

Ich sage dir: Du bist Petrus. Auf diesen Felsen will ich meine Gemeinde bauen, und selbst die Macht des Todes wird sie nicht besiegen können.

Matthäus 16,18

Alles klar heute?
>Hast du dich schon einmal gefühlt, als ob du es keinem recht machen könntest? Als ob du dich und mich ständig im Stich lassen würdest? Na, da bist du in guter Gesellschaft. Petrus war ein Mann, der nur die besten Absichten hatte, aber er konnte ihnen kaum gerecht werden. Er war derjenige, der aus dem Boot gestiegen und Jesus auf dem Wasser entgegengelaufen ist. Aber dann bekam er plötzlich Angst und begann unterzugehen. Er war derjenige, der sagte: «Auch wenn dich alle anderen verlassen, ich werde dich niemals verlassen.» Aber dann log er und leugnete, Jesus überhaupt zu kennen. >:-(Aber habe ich Petrus aufgegeben? Nein, keine Spur. Ich benutzte ihn für eindrucksvolle Wunder, und er wurde einer der ersten Gemeindeleiter. Wenn ich Petrus benutzen kann, dann kann ich dich auch benutzen. Sei mal ein bisschen nachsichtig mit dir selbst. Du musst nicht vollkommen sein, damit ich dich einsetzen kann. Du musst nur bereit dazu sein. Gib dich selbst nicht auf, denn ich werde dich niemals aufgeben.
Ich glaube an dich, :-)
>Gott

Brunnen Verlag 11:55 100%

Wie man mit Dösköppen umgeht

Ihr aber sollt eure Feinde lieben und den Menschen Gutes tun. Ihr sollt ihnen helfen, ohne einen Dank oder eine Gegenleistung zu erwarten. Dann werdet ihr reich belohnt werden: Ihr werdet Kinder des höchsten Gottes sein. Denn auch er ist gütig zu Undankbaren und Bösen.

Lukas 6,35

Grüß dich!
>In deinem Leben wirst du hundertpro einigen ziemlich wunderlichen und auch widerlichen Leuten begegnen. Diese Leute lehnen mich vielleicht offen ab und stellen sich gegen alles, was du glaubst. Du wünschst dir dann vielleicht, dass solche schwierigen Leute von einer hohen Klippe springen und du sie dadurch los bist.
Aber du sollst etwas Wichtiges wissen. Hinter jedem schwierigen Menschen steckt ein ganzer Haufen Leid. Vielleicht wurden solche Menschen früher einmal sehr schwer beleidigt oder verletzt. Möglicherweise verstehen sie gar nicht, wer ich wirklich bin. :-o Vielleicht haben sie Angst vor der Wahrheit, und dadurch sind sie gemein und unausstehlich geworden. Du wirst niemals wissen, was in einem Menschen vorgeht, solange du dir nicht die Mühe machst, es herauszufinden.
Wenn jemand blöd zu dir ist, dann sei du nicht blöd zu ihm. Ich weiß, dass das ganz schön schwierig sein kann. Aber du sollst deine Feinde lieben, nicht nur weil es «fromm» ist, sich so zu verhalten. Liebe sie, weil sie Liebe brauchen.
Der, der sie und dich liebt, :-)
>Gott

Der Weg der Gnade

Ich sage euch aber: Leistet keine Gegenwehr, wenn man euch Böses antut! Wenn jemand dir eine Ohrfeige gibt, dann halte die andere Wange auch noch hin! ... Und wenn einer von dir verlangt, eine Meile mit ihm zu gehen, dann geh zwei Meilen mit ihm!

Matthäus 5,39–41

Ich wünsche dir das Allerbeste!
>Die Gesetze des Alten Testaments erlaubten den Menschen, anderen etwas heimzuzahlen. Wenn jemand einem anderen etwas Böses antat, dann durfte dieser dem Täter dasselbe antun. Aber ich habe Jesus geschickt, damit er den Menschen zeigen sollte, dass es einen besseren Weg gibt. Er lehrte sie: Wenn jemand dir auf die eine Wange schlägt, dann halte ihm die andere auch noch hin. :-o Das klingt verrückt, ich weiß. Wenn dir irgendein Döskopp eine runterhaut, dann sollst du ihm Gelegenheit geben, dass er dir noch eine scheuert? Er soll doch bekommen, was ihm zusteht, richtig? Na ja, nicht ganz. Schau, es gibt einen besseren Weg: den Weg der Gnade. :-o
Die andere Wange hinzuhalten bedeutet: statt hassen – lieben. Wenn du zurückschlägst, um dem Döskopp zu geben, was er verdient, dann wird er nur noch wütender. Aber wenn du ihm Gnade und Liebe entgegenbringst, dann kannst du sehen, wie sich das Herz dieses Menschen verändert. Ich weiß, es ist schwierig. Aber vertraue mir. Ich helfe dir, den Weg der Gnade einzuschlagen.
Der Gnädige, :-)
>Gott

Es brach ihm das Herz

Er wurde misshandelt, aber er duldete es ohne ein Wort. Er war stumm wie ein Lamm, das man zur Schlachtung führt. Und wie ein Schaf, das sich nicht wehrt, wenn es geschoren wird, hat er alles widerspruchslos ertragen. Man hörte von ihm keine Klage.

Jesaja 53,7

Etwas zum Nachdenken:
>Was wäre, wenn jemand, den du wirklich liebst, deine Freunde mit allerhand Lügen gegen dich aufhetzen würde? Was, wenn diese Person ein paar Schläger bezahlen würde, damit sie dich verprügeln, und sogar noch ein paar bestechliche Polizisten auftreiben würde, die dich für etwas einsperren, das du gar nicht getan hast? Würde dir das nicht das Herz brechen? Du würdest wahrscheinlich so wütend werden, dass du Rache fordern würdest. >:-(
Nun, all das ist meinem Sohn Jesus passiert. Es brach ihm das Herz, dass er von seinem Freund verraten und von denen verprügelt wurde, die er doch retten wollte. Aber anstatt es ihnen heimzuzahlen, war er gnädig zu ihnen. Eines der letzten Dinge, die er sagte, war: «Vater, vergib ihnen, denn sie wissen nicht, was sie tun.»
Wenn dich Menschen in deinem Leben schlecht behandeln oder Lügen über dich verbreiten, dann sollst du wissen, dass du nicht allein bist. Jesus und ich wissen, wie das ist. Ich kann dir die Kraft geben, die du brauchst, um ihnen zu vergeben, statt es ihnen heimzuzahlen.
Der, der immer gnädig ist mit dir, :-)
>Gott

Brunnen Verlag 11:55 100%

Gestern ist vorbei

Doch hängt nicht wehmütig diesen Wundern nach! Bleibt nicht bei der Vergangenheit stehen!

Jesaja 43,18

Hallo, du hast wieder Post!
>Es gibt einen speziellen Tag, über den du absolut keine Kontrolle hast. Und dieser Tag ist gestern. Verbringst du viel Zeit damit, dir über begangene Fehler den Kopf zu zerbrechen? Spielst du manchmal das «Wenn-Falls»-Spiel und wünschst dir, dass du manche Dinge lieber anders gemacht hättest? Vielleicht bedauerst du einen Streit und denkst dir später: «Ich hätte besser etwas anderes gesagt.» Nun, wenn du dir zu viele Gedanken über gestern machst, dann ist das, als ob du auf einen Zug aufspringen wolltest, der schon lange abgefahren ist. Es tut dir nicht gut. Das Gestern nachträglich zu kritisieren ist, als ob du auf einen Kuchen, der schon aufgegessen ist, eine Glasur machen willst. Es ist vorbei, endgültig. Wenn du in der Vergangenheit etwas getan hast, das dir leidtut, dann bitte mich um meine Vergebung und lass es los. Statt eine Menge Zeit damit zu verbringen, darüber nachzudenken, wie du etwas hättest besser machen können, konzentriere dich lieber darauf, es HEUTE besser zu machen, jetzt sofort. Lebe nicht im Gestern.
Dein Herr im Hier und Jetzt, :-)
>Gott

Brunnen Verlag 11:55 100%

Schuld und Überzeugung

Jetzt aber kehrt um und wendet euch Gott zu, damit er euch die Sünden vergibt ... Gott hat Jesus zu euch geschickt und ihn beauftragt, euch zu segnen. Er wird euch helfen, umzukehren und euer Leben zu ändern.

Apostelgeschichte 3,19 und 26

Hi, da bin ich wieder!
>Hast du gewusst, dass es ein großer Unterschied ist, ob man sich schuldig fühlt oder ob man davon überzeugt ist, dass man falsch gehandelt hat? Sich schuldig zu fühlen ist, als ob man dasitzt und sich selbst ohrfeigt. Davon wirst du kein besserer Mensch. Du denkst nur ständig: «Ach, ich bin kein guter Mensch. Ich kann genauso gut aufgeben. Warum sollte ich es denn überhaupt noch versuchen?» Der Teufel liebt es, wenn du dich immer nur schuldig fühlst. Einfach weil er nicht will, dass du mit mir ins Reine kommst. >:-(
Wenn du überzeugt bist, dass du falsch gehandelt hast, dann tut dir leid, was du getan hast. Du bist dann motiviert, mit mir wieder ins Reine zu kommen. Wenn du von deinem Fehler überzeugt bist, dann möchtest du dich von dem Schlechten abwenden und wieder Gutes tun. Du willst um meine Vergebung bitten und sie auch bekommen, stimmt's? Wenn du sündigst, dann möchte ich dir vergeben. Wenn du etwas falsch gemacht hast, dann komm zu mir und sage: «Ich weiß, dass ich alles vermasselt habe. Aber nun bin ich bereit, mit dir weiterzumachen, Gott.»
Also lass uns weitermachen, :-)
>Gott

Lerne mich besser kennen

Ihn, den Gott unseres Herrn Jesus Christus, den Vater, dem alle Herrlichkeit gehört, bitte ich darum, euch durch seinen Geist Weisheit zu geben, dass ihr ihn immer besser erkennt und er euch seinen Plan zeigt.

Epheser 1,17

Ich werde mich immer wieder bei dir melden!
>Ich bin nicht irgendein alter Opa mit grauem Bart, den sie in ein Altersheim abgeschoben haben. ;-) Ich bin das stärkste und lebendigste Wesen, das es überhaupt gibt. Ich sitze nicht in einem Chorgewand herum und hoffe, dass mich irgendjemand endlich auf den neusten Stand der Technik bringt. Ich weiß nämlich schon alles, was es über die neuesten Technologien zu wissen gibt, und ich kenne sogar alle möglichen Dinge, die noch gar nicht erfunden sind. Ich bin auch nicht in einer Kirche eingesperrt und trage ein «Predigergewand» und tue ganz schockiert über all das Böse in der Welt. Ich habe schon alles Böse gesehen, das getan werden kann, und ich habe jedes böse Wort gehört, das gesagt werden kann. Ich bin traurig über böse Dinge, klar, aber nichts kann mich schocken. :,-(
Ich bin so nah wie ein Flüstern. Ich bin ein Freund, der nur das Beste für dich will. Und darum löse dich von all diesen falschen Vorstellungen von mir. Du kannst mich besser kennen lernen als deinen besten Freund. Und du kannst genau das werden, wozu ich dich gemacht habe – echt du selbst.
Echt ich selbst, :-)
>Gott

Licht und Salz

Ihr seid das Licht, das die Welt erhellt. Eine Stadt, die hoch auf dem Berg liegt, kann nicht verborgen bleiben.

Matthäus 5,14

Na, geht es dir gut?
>Ich möchte nicht, dass du in einer christlichen Luftblase lebst. Sicher, ich möchte schon, dass du eine starke Gruppe christlicher Freunde hast, die dich unterstützen, für dich eintreten und für dich beten. Aber wenn das die einzigen Leute sind, mit denen du deine Zeit verbringst, dann kannst du gar kein Licht in diese dunkle Welt bringen. :,-(
Wenn ich dich zu einer Beziehung mit mir führe, dann tue ich das nicht, damit du einfach nur herumsitzt und dich gut fühlst. Wenn ich dich rette, dann habe ich auch andere Menschen im Sinn. Ich habe göttliche Verabredungen für dich, von denen ich möchte, dass du sie einhältst, damit du anderen Leuten von meiner Liebe, meiner Güte und meiner rettenden Kraft erzählen kannst.
Wenn du also merkst, dass du in einer christlichen Luftblase lebst, dann lass mich sie aufstechen. Geh hinaus in die Welt. Erzähle jemandem außerhalb deines Freundeskreises von meiner Liebe. Ich will dich dazu benutzen, ein Licht für jemanden zu sein, der es braucht.
Der, der dich hinausschickt, :-)
>Gott

Ich liebe dich so sehr

Die Unterweisung in der Lehre unseres Glaubens hat nur das eine Ziel: die Liebe, die aus einem reinen Herzen, einem guten Gewissen und einem ungeheuchelten Glauben kommt.

1. Timotheus 1,5

Heute denken wir uns mal etwas aus:
>Tu einmal so, als ob du der reichste Mensch auf der ganzen Welt wärst und du würdest dich in einen nicht so reichen Menschen verlieben. Wie würdest du dich jetzt fühlen, wenn dieser Mensch dich nicht wirklich zurücklieben würde? Was, wenn er nur zu dir käme, um dich um Geld oder andere Dinge zu bitten? Würde das nicht deine Gefühle verletzen? Würdest du dich nicht ausgenutzt fühlen? :,-(
Genauso fühle ich mich, wenn du mich so behandelst. Ich liebe dich so sehr, und ich möchte, dass du mich auch liebst. Aber oftmals sprichst du nur mit mir, wenn du etwas von mir haben willst. Das ist aber keine Beziehung; das ist ein ziemlich einseitiges Geben. Ich möchte, dass du zu mir kommst, weil du mich lieb hast und Zeit mit mir verbringen möchtest. Ich möchte dich mit all meinen guten Möglichkeiten segnen, aber am meisten möchte ich einfach, dass du weißt, dass ich dich liebe. :-) Und ich wünsche mir, dass du mich zurückliebst. Und darum bitte mich nicht nur um meine Reichtümer; bitte um mich als Person. Beziehungen sind mir wichtig! :-)
>Gott

Ich möchte dich segnen

Dagegen bringt der Geist Gottes in unserem Leben nur Gutes hervor: Liebe und Freude, Frieden und Geduld, Freundlichkeit, Güte und Treue, Besonnenheit und Selbstbeherrschung. Ist das bei euch so? Dann kann kein Gesetz mehr etwas von euch fordern.

Galater 5,22–23

Noch ein Gedanke für dich:
>Man kann ganz leicht eine falsche Vorstellung vom Beten bekommen. Viele Leute glauben, dass es wie Online-Shopping funktioniert. Sie glauben, wenn sie mich um ein teures Auto bitten, dass ich es ihnen dann auch geben müsste. Aber so läuft das nicht. Wenn du mich um einen Luxusschlitten bittest, dann weiß ich, dass dieses Auto nur deine Aufmerksamkeit von mir ablenkt und aus dir einen eingebildeten Dummkopf macht. :,-(Und natürlich würde ich es dir nicht geben. Weil es nicht das Beste für dich wäre. Ich will dir nur Dinge geben, die wirklich gut für dich sind. :-o
Die Segnungen, für die du zu mir beten sollst, sind geistliche Segnungen, wie zum Beispiel Friede, Freude, Zufriedenheit und eine gute Beziehung zu mir. Dies sind die wertvollsten Dinge, die du dir nur wünschen kannst. Und darum mach dir keine falschen Vorstellungen vom Beten. Es ist kein Online-Shopping. Es ist eine Zeit, in der du dich mit mir unterhältst, eine Zeit der Anbetung und eine Zeit, in der du nach meinen besten geistlichen Segnungen suchen sollst.
Der, der dich wirklich segnet und dir Gutes tut, :-)
>Gott

Ohne Fleiß kein Preis

Denn ich bin der Herr, dein Gott. Ich nehme dich an deiner rechten Hand und sage: Hab keine Angst! Ich helfe dir.

Jesaja 41,13

Hi, alles klar heute?
>Auch wenn die Welt, in der du lebst, dir zu sagen scheint, dass du Schmerzen meiden sollst, ist das nicht immer wahr. Sieh dir mal die Profisportler an. Was wäre, wenn sie sich total hängen ließen und versuchten, beim Training Anstrengung und Schmerz zu meiden? Wenn es dann ernst wird, würden sie versagen. Die meisten Profisportler wissen eines ganz genau: Wenn sie sich selbst immer weiter vorantreiben und sich auch nicht vor den Schmerzen harter Arbeit fürchten, werden sie in ihrer Sportart zu den Besten gehören. :-o
So ist das auch im Leben. Wenn du die ganze Zeit immer nur versuchst, schmerzlichen oder schwierigen Situationen aus dem Weg zu gehen, dann lebst du nicht richtig. Ich möchte nicht, dass du so lebst. Ich möchte, dass du dich nicht vor den Schmerzen und der Realität des Lebens fürchtest. Ich möchte, dass du weißt, dass ich dich durch alles hindurchbegleite. Und nicht nur das, ich will auch die schwierigen und harten Dinge benutzen, um dich noch stärker zu machen. Stelle dich dem Schmerz, und gewinne ein besseres Leben.
Ich helfe dir hindurch, :-)
>Gott

Sein Fleiß, dein Preis

Er erniedrigte sich selbst und war Gott gehorsam bis zum Tod, ja, bis zum schändlichen Tod am Kreuz. Darum hat ihn Gott erhöht und ihm den Namen gegeben, der über allen Namen steht.

Philipper 2,8–9

Noch ein Gedanke zum selben Thema:
>Niemand ist ein Held, der nur ein kleines Opfer bringt, um dich zu retten. Ein echter Held ist bereit, alles zu opfern, was er hat – sogar sein eigenes Leben. Genau das hat Jesus getan. Er hätte auf die Macht des Himmels zurückgreifen und alle Menschen hinwegpusten können, die ihn töten wollten. Er hätte ihre politischen Spielchen mitspielen und sich wie der kämpfende König verhalten können, den sie haben wollten. Er hätte vom Kreuz heruntersteigen und einfach lebendig weggehen können. Aber das tat er nicht. :-o
Weil er wusste, dass du einen echten Helden und einen echten Erlöser nötig hast, darum hat er sich selbst geopfert. Denn ohne Opfer und Tod würde es kein ewiges Leben geben. Durch seinen Tod machte Jesus es möglich, dass du gegen die Sünde hier auf der Erde siegen und später für immer im Himmel leben kannst. Und so wurden sein Leiden und sein Schmerz zu deinem Preis und deiner Freude.
Dein Vater im Himmel, :-)
>Gott

Brunnen Verlag 11:55 100%

Das Gewicht der Sünde

Christus hat unsere Sünden auf sich genommen und sie selbst zum Kreuz hinaufgetragen. Das bedeutet, dass wir für die Sünde tot sind und jetzt leben können, wie es Gott gefällt. Durch seine Wunden hat Christus uns geheilt.

1. Petrus 2,24

Schalom!
>Eine Sünde ist eine Tat, die jemand anderem oder dir selbst wehtut. Eine Sünde ist, wenn man weiß, dass etwas falsch ist, es aber trotzdem tut. Stell dir deine Sünden mal wie große, schwere Felsbrocken vor, einer über dem anderen, und stell dir vor, du müsstest dieses ganze Gewicht auf deinem Kopf tragen. Mit der Zeit wird dich das Gewicht deiner Sünde vermutlich zusammenbrechen lassen. Kein anderer Mensch kann dir beim Tragen helfen, weil jeder viel zu sehr damit beschäftigt ist, seine eigenen Sünden über dem Kopf zu tragen. :,-(
Was kannst du also tun? Rufe Jesus an, und er wird dir helfen. Weil Jesus keine Sünde hat, kann er herüberkommen, deine Sünde in seine Hände nehmen und sie für dich tragen. Er kann dich sogar davon befreien. Das ist es, was am Kreuz passiert ist. Indem er deine Sünde auf sich genommen hat, hat er dich befreit weitergehen lassen. Das ist eine gute Nachricht. Und er tut genau dies jeden Tag aufs Neue für dich.
Dein Vater, der dir vergibt, :-)
>Gott

Brunnen Verlag 11:55 100%

Niemand hat ganz allein Erfolg

Wer in der Heiligen Schrift unterwiesen wird, soll auch zum Lebensunterhalt seines Lehrers beitragen, so gut er kann.

Galater 6,6

Hi, wie geht's denn so?
>Hast du schon einmal eine Oscar-Verleihung gesehen? Da kommen die besten und berühmtesten Schauspieler der ganzen Welt zu der «großen Nacht» zusammen. Einige bekommen einen Preis dafür, dass sie so tolle Filme gemacht haben. Aber wenn sie auf die Bühne treten, um den Preis in Empfang zu nehmen, was machen diese Stars dann? Sie beginnen, allen Menschen in ihrem Leben zu danken, die es ihnen ermöglicht haben, solch eine gute Arbeit zu leisten: ihren Eltern, Freunden, Entdeckern, Regisseuren und Sponsoren. Was sie damit sagen wollen, ist: «Das Leben ist keine Solo-Vorstellung. Niemand kommt ganz nach oben ohne eine Menge Hilfe von anderen Menschen.»
Mit deinem Leben ist es auch so. Wenn du jemals in der Versuchung sein solltest zu glauben, dass du der oder die Beste bist und alles allein kannst – dann ist es Zeit, dass du mal anfängst und dir eine Liste machst von den Menschen, die dir dabei helfen, alles so gut zu machen, wie du es tust. Niemand hat ganz allein Erfolg. Und darum sei nicht hochnäsig. Sei dankbar für alle Hilfe, die du bekommst.
Die helfende Hand im Hintergrund, :-)
>Gott

Brunnen Verlag 11:55 100%

Auf das Gute hoffen

Begreift doch endlich, was Gott meint, wenn er sagt: «Nicht auf eure Opfer oder Gaben kommt es mir an, sondern darauf, dass ihr barmherzig seid.» Ich bin gekommen, um Menschen in die Gemeinschaft mit Gott zu rufen, die ohne ihn leben – und nicht solche, die sich sowieso an seine Gebote halten.

Matthäus 9,13

Ich habe Sehnsucht nach dir!
>Es gibt viele Kirchgänger, die eine vorgefasste Meinung über Menschen haben, die anders sind. Sie verachten die, die sie «schlecht» nennen: Menschen, die falsche Entscheidungen treffen, die sich verrückt anziehen oder seltsam verhalten. >:-(Du sollst ein Geheimnis über diese so genannten «schlechten» Menschen erfahren. Das sind gute Leute, die es eben nur noch nicht sind. :-o Auch wenn sie jetzt ein eher miserables Leben führen, bedeutet das noch lange nicht, dass sie auch so bleiben müssen. Sicher, sie tun viel Schlechtes, aber ich habe jeden Mann und jede Frau mit einem enormen Potenzial für Gutes geschaffen. Die meisten von ihnen brauchen einfach jemanden, der an sie glaubt und sich für mich um sie kümmert. Du solltest immer an das Potenzial anderer Menschen zum Guten glauben!
Menschen, die mich nicht kennen, brauchen keine Verurteilung; sie müssen geliebt werden. Wenn du versucht bist, auf Menschen herabzusehen, die falsche Dinge tun, dann bete doch einfach für sie. Bete dafür, dass meine Liebe ihre guten Seiten ans Tageslicht holt.
Der Mitfühlende, :-)
>Gott

Brunnen Verlag 11:55 100%

Das Auto mit Motor

... so haben *wir* doch nur *einen* Gott, den Vater, der alles erschaffen hat und für den wir leben. Und wir haben auch nur *einen* Herrn, Jesus Christus, durch den alles geschaffen wurde. Durch ihn sind wir zu neuen Menschen geworden.

1. Korinther 8,6

Hallo, wie geht es dir denn heute?
>Es gibt ein schwieriges Wort, mit dem man beschreiben kann, wie manche Menschen geistliche Dinge betrachten. Dieses Wort heißt «Relativismus». Es heißt eigentlich nur, dass es keine echte Wahrheit gibt. Es meint, dass der eine Glaube so gut ist wie der andere. Aber das ergibt keinen Sinn. Stell dir mal vor, du wolltest nach Hause gehen und könntest zwischen drei Autos wählen. Alle drei sehen von außen gut aus, aber nur eines hat 'nen Motor. Es wäre völlig uninteressant, was du über die drei Autos denken würdest. Tatsache ist doch: Nur das mit dem Motor könnte dich nach Hause bringen. :-o
Genauso verhält es sich mit dem Anbeten. Du könntest einen Felsen anbeten. Du könntest allen Glauben der Welt haben, dass dieser Felsen dich in den Himmel bringen würde. Aber das würde dir rein gar nichts nützen. Nur ein Gott hat die Macht, dich dort hinzubringen. Ich bin der Eine mit dieser Macht. Ich bin der Weg, die Wahrheit und das Leben. Vergeude deine Zeit nicht damit, nach irgendeiner Wahrheit zu suchen. Suche nach DER Wahrheit, und dann wirst du mich finden.
Die Wahrheit in Person, :-)
>Gott

Brunnen Verlag 11:55 100%

Bitte nicht hamstern!

Seid vielmehr freundlich und barmherzig, und vergebt einander, so wie Gott euch durch Jesus Christus vergeben hat.

Epheser 4,32

Schalom, mein Segen sei mit dir!
>Kennst du jemanden, der ein Hamsterer ist? Das ist jemand, der alles sammelt und anscheinend nichts wegwerfen kann. Ein solcher Mensch behält alles, weil er glaubt, es eines Tages gebrauchen zu können. Schon bald platzt die Wohnung eines Hamsterers vor lauter Krimskrams aus allen Nähten. :-o Wusstest du, dass man auch ein emotionaler Hamsterer sein kann? Wenn man alle seine verletzten Gefühle und seinen Groll festhält und hamstert, dann wird das Herz schon bald vor Schmerzen und Traurigkeit platzen. Oder du wirst vor Zorn explodieren. :,-(Ich möchte aber nicht, dass du an Ärger und Schmerz festhältst. Ich möchte dir bei der «Entsorgung» helfen. Wenn jemand dich verletzt hat, dann komm zu mir und sprich mit mir darüber. Gib mir den Schmerz, und lass mich dich heilen. Wenn du immer noch das Gefühl hast, du müsstest zu diesem Menschen gehen und mit ihm darüber sprechen, dann geh. Aber geh in Liebe. Schließlich sollst du denen vergeben, die dich verletzt haben. Bring mir all deinen Groll. Ich helfe dir, den Schrank deines Herzens auszuräumen.
Der, der dich am besten kennt, :-)
>Gott

Brunnen Verlag 11:55 100%

Lass ihn durch dich fließen

Wer mir vertraut, wird erfahren, was die Heilige Schrift sagt: Von ihm wird Leben spendendes Wasser ausgehen wie ein starker Strom.

Johannes 7,38

Ich grüße dich!
>Meine Liebe ist wie ein Fluss. Ich lasse ihn durch dich hindurch und auch in das Leben anderer Menschen fließen. So wie ein Fluss kann meine Liebe überall dort Leben bringen, wo sie vorbeifließt. Sie kann Wüsten in Wälder verwandeln und ein trockenes, gemeines Herz in ein lebendiges, liebendes Herz. :-)
Ich bin immer bereit, meine Liebe durch dich hindurchfließen zu lassen. Aber manchmal baust du mit deiner schlechten Einstellung einen Damm. Wenn du dich nur auf dich selbst konzentrierst, anstatt dich um andere zu kümmern, dann blockierst du den Lauf meiner Liebe in deinem Leben. >:-(Aber wenn du sagst: «Benutze mich, Herr! Fließ durch mich hindurch. Liebe andere Menschen durch mich», dann öffnest du den Kanal, und meine Liebe kann ungehindert fließen. Das wünsche ich mir für dich. Ich möchte, dass du ganz weit offen bist – weit offen für das, was ich in deinem Leben tue. Weit offen für meine Liebe. Und weit offen, damit meine Liebe durch dich auf andere Leute überfließen kann.
Lass den Fluss fließen! :-)
>Gott

Zu klug für die Wahrheit

Hat Gott ihre Weisheiten nicht als Unsinn entlarvt? Denn Gott in seiner Weisheit hat es den Menschen unmöglich gemacht, mit Hilfe ihrer eigenen Weisheit Gott zu erkennen. Stattdessen beschloss er, alle zu retten, die einer scheinbar so unsinnigen Botschaft glauben.

1. Korinther 1,20–21

Hast du dir das schon überlegt?
>Brillante Mathematiker und Physiker können komplexe mathematische Probleme lösen. Hochgebildete Genetiker wissen viel über den genetischen Code des Menschen. Erfahrene Architekten und Ingenieure können erstaunliche Gebäude erstellen. Aber selbst die klügsten unter diesen Genies können den dümmsten Fehler der Welt machen – sie können die Wahrheit über meine Existenz leugnen. >:-(
Weil der Glaube an mich Vertrauen, aber niemals Formeln verlangt, schreiben ihn viele Menschen als Märchen oder Legende ab. Weil mich zu kennen nicht nur eine Sache des Kopfes, sondern eben auch des Herzens ist, kann es jemanden verwirren, der nur mit Kopfwissen etwas anfangen kann. Ich habe nichts gegen eine gute Ausbildung und nichts gegen das Lernen. Aber ich möchte, dass du mich vollkommen kennen lernst. Suche mich mit deinem ganzen Verstand, deinem ganzen Herzen und all deiner Kraft, und du wirst mich kennen lernen. Mach bitte nicht den dümmsten Fehler der Welt.
Die Wahrheit in Person, :-)
>Gott

Brunnen Verlag 11:55 100%

Ich bin immer bei dir

Ich stehe dir bei; ich behüte dich, wo du auch hingehst ... Niemals lasse ich dich im Stich: ich stehe zu meinem Versprechen, das ich dir gegeben habe.

1. Mose 28,15

Hallo!!!

>Ich bin vierundzwanzig Stunden am Tag für dich da, sieben Tage in der Woche. Glaube nicht, dass ich einfach nur in der Kirche herumsitze und darauf warte, dass du am Sonntag auftauchst. Ich bin bei dir, wenn du morgens aufstehst. Ich bin bei dir, wenn du abends ins Bett gehst. Ich halte dich in meinen Armen, wenn du weinst, und ich lache mit dir, wenn du lachst. Ich bin bei dir, wenn es dir supergut geht, und ich bin bei dir, wenn du ganz am Boden bist. Weil ich dich lieb habe, werde ich nie von deiner Seite weichen. Glaub mir, du brauchst niemals wieder allein zu sein. Niemals!

Ich bin nicht hier, um über dich zu urteilen. Ich bin hier, um dich zu lieben und dir zu helfen, dein Bestes zu geben. Und darum sei dir jeden Tag bewusst, dass ich real und echt bin – echt real halt. ;-) Ich bin jetzt in diesem Moment bei dir. Sprich mit mir. Lass mich zu dir sprechen. Ich will immer bei dir sein.

Dein Freund, rund um die Uhr, :-)

>Gott

Brunnen Verlag 11:55 100%

Ich versuche nicht, cool zu sein

Die Juden wollen Wunder sehen, und die Griechen suchen nach Weisheit. Wir aber sagen den Menschen, dass Christus am Kreuz für uns sterben musste, auch wenn das für die Juden eine Gotteslästerung ist und für die Griechen blanker Unsinn.

1. Korinther 1,22–23

Sei gegrüßt!
>Ich bin nicht cool. Ich bin auch nicht hip. Und ich versuche auch nicht, es zu sein. Wenn du darauf wartest, dass Leute, die keine Christen sind, mich für cool halten, dann wirst du sehr lange warten müssen. Menschen, die ihren eigenen Weg gehen wollen, halten es nicht für cool, wenn ich sage, dass sie meinem Weg folgen sollen. :,-(Menschen, die nur das Neueste lieben, sind leider angewidert von einem Gott, der schon immer da war.
Aber wenn diese Menschen merken, dass sie etwas Tieferes in ihrem Leben brauchen, dann bin ich für sie da. Wenn sie bereit sind, die Vorstellungen der modernen Welt abzulegen und nach mir zu suchen, dann werden sie mich finden. Und wenn sie ihre Augen öffnen für mich, so wie ich bin, werde ich für sie ganz plötzlich das Erstaunlichste und Coolste sein, das sie je gesehen haben. Aber bis dahin haben sie kein Interesse an mir. Darum glaube nicht, du müsstest mich cooler machen, als ich bin. Glaube einfach an mich, und ich will durch dich hindurchleuchten. Und bete, dass sie mich eines Tages so sehen, wie du es schon tust.
Der darauf wartet, erkannt zu werden, :-)
>Gott

Sei nicht unausstehlich!

Wieso gibt es denn bei euch so viel Kämpfe und Streitigkeiten? ...
Beugt euch vor dem Herrn! Erst dann wird Gott euch aufrichten.

Jakobus 4,1 und 10

Schalom!
>Hast du dich schon einmal mit jemandem über eine richtige Antwort gestritten? Du warst ganz sicher, dass du Recht hast, und bist fast ausgerastet, dass der andere nicht deiner Meinung war. Aber später hast du herausgefunden, dass du die ganze Zeit falsch gelegen hast. Eine solche Erfahrung kann ziemlich niederschmetternd sein. >:-(Es ist so leicht, stolz durchs Leben zu gehen und zu glauben, dass man alles besser weiß. Aber es ist schrecklich, so zu leben. Man wird dadurch ganz unangenehm für andere. Es kann einen sogar daran hindern, neue Freunde zu finden.
Sicher möchte ich, dass du deine Meinung immer selbstbewusst vertrittst. Aber ich möchte nicht, dass du deswegen unausstehlich wirst. Du sollst demütig sein. Gib zu, wenn du etwas falsch gemacht hast, und lass es nicht zum Streit kommen. Sage einfach von Anfang an: «Sicher kann ich mich täuschen, aber ich denke, ich liege richtig.» Wenn du Recht hast, dann prahle nicht damit. Und wenn du Unrecht hast, dann gib es zu. Ich werde dir dabei helfen.
Der Vater der Demut, :-)
>Gott

Brunnen Verlag 11:55 100%

Ich werde immer da sein

Ein Anwalt der Witwen und ein Vater der Waisen ist Gott in seinem Heiligtum. Den Einsamen gibt er ein Zuhause, den Gefangenen schenkt er Freiheit und Glück.

Psalm 68,6–7

Na, alles okay bei dir?
>Wenn du schlechte Erfahrungen mit deinem leiblichen Vater gemacht hast, als du noch klein warst, oder wenn du überhaupt keinen Vater gehabt hast, dann weiß ich, wie schwer es ist, an mich als liebenden himmlischen Vater zu denken. Aber ich bin sogar der Vater für die, die keinen Vater haben. Ich bin hier, um der liebevolle Papa zu sein, den manche Leute nie gehabt haben. Ich bin hier, um dich zu lieben, wie es dein Vater auf der Erde niemals tun könnte. :-o
Wenn du mich lässt, dann will ich aus der unsichtbaren Welt der Vater sein, den du brauchst. Ich will dein starker Beschützer, dein Fürsorger, dein größter Fan und dein bester Freund sein. Ich bin bei dir, bei jedem Spiel, bei jeder Schulaufführung, bei jedem Hoch und bei jedem Tief in deinem Leben, und ich feuere dich an. Du wirst mich mit deinen Augen nicht sehen können, aber ich werde immer da sein, neben dir, über dir, unter dir, hinter dir, in dir! Ich bin so stolz auf dich, mein Kind. Lass mich dein Papa sein.
Dein himmlischer Vater, :-)
>Gott

Ein paar Schrammen wird's geben

Der Mann sprach zu mir: «Gott liebt dich, Daniel! Steh auf und achte auf meine Worte, denn Gott hat mich zu dir geschickt.» Zitternd stand ich auf.

Daniel 10,11

Grüß dich!
>Hast du schon einmal einen dieser Action-Filme gesehen, in denen unzählige Male auf den Helden geschossen, er aber nie ernsthaft verletzt wird? Aber wenn er auf die bösen Buben schießt, dann sitzt jeder Schuss. Das funktioniert vielleicht in Hollywood, aber wenn du im echten Leben ein Held sein willst, dann wirst du auch ein paar Schrammen abkriegen. Wenn du aufstehst und meinen Willen tust, dann werden sich viele feindliche Kräfte gegen dich erheben. (Keine Angst, lies einfach weiter!) Ein Leben als Christ zu führen ist nicht leicht, aber es ist die aufregendste Art, dein Leben zu leben. Wenn du aufstehst und sagst: «Ich will dein Held sein, Gott», dann werde ich anfangen, gemeinsam mit dir erstaunliche Dinge zu tun. Ich helfe dir, das Unglaubliche zu erreichen. Auf dem Weg kann es schon sein, dass du Angriffen ausgesetzt sein wirst, aber ich werde dich beschützen und dir im Kampf helfen. Du wirst vielleicht nicht jede Schlacht gewinnen, aber wenn du mit deinem Leben Spuren hinterlässt, dann wirst du den Krieg gewinnen. Steh auf und sei ein Held für mich.
Dein Partner in allen Situationen, :-)
>Gott

Brunnen Verlag 11:55 100%

Keiner kann die Leitung kappen

Jetzt weiß ich, dass der Herr seinem König hilft, ihm antwortet aus seinem Heiligtum im Himmel. Machtvoll greift er ein und rettet ihn.

Psalm 20,7

Ist alles okay bei dir?
>Hast du schon einmal einen dieser Filme gesehen, in denen die Bösen in ein Haus einbrechen und die Telefonleitung durchschneiden? Wenn die Hausbesitzer um Hilfe rufen wollen, ist die Leitung tot. Und dann sind sie in großen Schwierigkeiten. Genau das versucht das Böse durch die Sünde zu tun. Es versucht, sich in dein Leben einzuschleichen und deine Verbindungsleitung zu mir zu kappen. Wenn du nämlich das Gefühl hast, dass du nicht um Hilfe rufen kannst, dann wirst du es wahrscheinlich auch gar nicht mehr probieren. >:-(
Aber ich möchte, dass du weißt, dass du mich immer um Hilfe anrufen kannst. Weil Jesus gestorben und danach auch auferstanden ist, kann unsere Verbindungsleitung nicht gekappt werden. Wenn du also das Gefühl hast, du könntest nicht mit mir sprechen, weil du in deinem Leben gesündigt hast, dann liegst du völlig falsch. Sprich einfach mit mir, bekenne deine Sünde und bitte mich, das Böse hinauszuwerfen. Niemand kann uns davon abhalten, miteinander zu sprechen, niemals ...
Ich bin immer erreichbar, :-)
>Gott

Brunnen Verlag 11:55 100%

Niemals zu beschäftigt

Wenn du keinen Ausweg mehr siehst, dann rufe mich zu Hilfe. Ich will dich retten, und du sollst mich preisen.

Psalm 50,15

Hallo, du!
>Hast du schon einmal versucht, einen Freund anzurufen, und bist dann nicht durchgekommen? Tja, wenn das Telefon stundenlang besetzt ist, kann es dich ganz schön verrückt machen, wenn du ihn wirklich dringend sprechen musst, nicht? ;-)
Wenn du dagegen mit mir sprechen willst, dann sollst du wissen, dass meine Leitung nie besetzt ist. Auch wenn es den Anschein hat, dass ich eine Menge zu tun habe, so habe ich doch immer Zeit für dich. Ich bin groß genug, um alles zu tun, das ich tun muss. Und ich bin immer bereit für unsere gemeinsame Zeit. :-o
Ja, und wie kannst du mich anrufen? Indem du betest. Zu mir zu beten ist, als ob du auf meiner ganz privaten Leitung anrufst. Sag einfach: «Gott, ich möchte gerne mit dir sprechen.» Und dann fang einfach an zu reden. Erzähle mir, was du auf dem Herzen hast. Wir wollen uns über all das unterhalten, worüber du gerne redest. Und dann wollen wir noch über die Dinge sprechen, die *ich* dir gerne sagen möchte. Bei mir kannst du dich immer darauf verlassen, dass ich dich höre und dir antworte. Ruf mich einfach an.
Der, der dir immer nahe ist, :-)
>Gott

Brunnen Verlag 11:55 100%

Reiseführer für ein gutes Leben

Ich denke über deine Vorschriften nach und halte mich daran. Deine Gesetze machen mich glücklich; nie werde ich dein Wort vergessen.

Psalm 119,15–16

Schalom!
>Hast du gewusst, dass die Bibel die Geheimnisse für ein erfülltes Leben enthält? Sie ist nicht nur eine Liste von Dingen, die du tun sollst oder nicht tun darfst, um so deine Lebensweise einzuschränken. Nein, sie ist wie ein Reiseführer ins Land des glücklichen Lebens. :-)
Die Worte des Lebens in der Bibel sind für jeden Augenblick deines Daseins gedacht. Natürlich stehen da auch tolle Sachen über Erlösung und Ewigkeit drin. Aber es gibt auch praktische Alltagsratschläge über alles Mögliche, wie du zum Beispiel deine Freunde, Eltern und Nachbarn behandeln solltest, wie man mit Kritik oder Ablehnung umgeht und wie man klug mit seinem Geld wirtschaftet. :-o
Wie viel Zeit willst du denn mit deiner Bibel verbringen? Du sollst die Bibel nicht lesen, damit du am Sonntag im Kindergottesdienst glänzen kannst. Du sollst sie lesen, weil du die Sachen brauchst, die sie dich über das Leben lehrt. Betrachte die Bibel als deinen persönlichen Reiseführer zu einem besseren Leben.
Der Autor der Bibel, :-)
>Gott

Leg dein Leben in meine Hände

Dennoch bist du, Herr, unser Vater! Wir sind der Ton, und du bist der Töpfer! Wir alle sind Gefäße aus deiner Hand.

Jesaja 64,7

Du hast Post!
>Hast du schon einmal eine tolle Keramik-Vase gesehen? Der Töpfer beginnt seine Arbeit, indem er eine Hand voll Ton auf eine sich drehende Scheibe wirft. Am Anfang ist die Vase nur ein Tonklumpen. Aber mit handwerklichem Können, Geduld und ein wenig Fantasie kann aus diesem Klumpen Ton ein wunderbares Kunstwerk werden. :-o
Ich bin wie der Töpfer, und du bist wie der Ton. Selbst wenn du den Eindruck hast, dass du ständig alles verkehrt machst, und wenn du dich selbst gar nicht als wunderbar betrachtest – das ist nicht wichtig. Ich kann die besonderen Möglichkeiten in dir sehen. Wenn du dich und dein Leben in meine Hände gibst, dann werde ich aus dir ein vollkommenes Kunstwerk schaffen. Ich werde deinen Charakter formen. Ich will deine Fertigkeiten und Talente entwickeln. Ich will dich zum Heil, zur Ganzheit und Erfüllung führen. Ich liebe dich. Lege dein Leben in meine Hände und sieh zu, wie aus deinen Möglichkeiten wahre Schönheit wird.
Der Töpfermeister, :-)
>Gott

Die schweren Zeiten

Nachdem sie so misshandelt worden waren, warf man sie ins Gefängnis und gab dem Aufseher die Anweisung, die Gefangenen besonders scharf zu bewachen ... Gegen Mitternacht beteten Paulus und Silas. Sie priesen Gott laut, und die übrigen Gefangenen hörten ihnen zu.

Apostelgeschichte 16,23 und 25

Hast du ein wenig Zeit für mich?
>Ich weiß, ich mache dir das Leben nicht immer leicht. Manchmal benutze ich schwere Zeiten in deinem Leben dazu, dich so zu formen, wie ich dich gerne haben möchte. :-o
Wenn du ein Stück Holz in eine bestimmte Form bringen wolltest, würdest du dazu eine Vogelfeder nehmen? Natürlich nicht, du würdest einen scharfen und harten Gegenstand nehmen, mit dem du das übrige Holz wegschnitzen könntest. Wenn du es zulässt, dass ich dich forme, dann können sogar die schwersten Dinge in deinem Leben zum Guten dienen. Deine Aufgabe ist dabei, mir zu vertrauen, wenn diese Zeiten kommen.
Ich erwarte nicht, dass du durch sie gehst, ohne dass es dir wehtut. Wenn dir etwas Trauriges passiert, dann wirst du weinen, und du wirst es spüren. Ich werde dir helfen, hindurchzukommen, ohne dass du andere beschuldigst oder dir selbst leidtust. Und wenn du wieder glücklichere Zeiten erlebst, dann wirst du zurückschauen und sehen, wie ich dein Kämpfen und Ringen benutzt habe, um dich zu einer charaktervollen Persönlichkeit zu formen.
Der deinen Charakter formt, :-)
>Gott

Brunnen Verlag 11:55 100%

Herausforderung macht stark

Bleibt wachsam, und steht fest im Glauben! Seid entschlossen und stark! Bei allem, was ihr tut, lasst euch von der Liebe leiten.

1. Korinther 16,13

Hallo, wie geht's dir?
>Herausforderungen machen dich stärker. Denk mal darüber nach. Wenn du dich bewegen könntest, aber nur die ganze Zeit im Bett liegen und fernsehen würdest, dann würde dein Körper schlaff und dein Geist schwach werden. >:-(Wenn du aber nach draußen gehst und dich den Herausforderungen deines Tages stellst, dann baust du deine «geistigen» und körperlichen Muskeln auf. Du bekommst Kraft und Durchhaltevermögen.
Wenn du dich immer nur um schwierige Situationen herumdrückst, dann gehst du der Chance aus dem Weg, zu wachsen und stärker zu werden. Herausforderungen zu meiden ist, als ob du wieder zurück ins Bett gehst und den Fernseher anschaltest. So bleibst du schwach. Und darum begrüße die schwierigen Herausforderungen in deinem Leben – nicht als Schmerzen, die du erdulden musst, sondern als Gelegenheiten zum Wachstum. Das ist die Einstellung, die dich stark macht.
Zieh dich an der Herausforderung hoch, :-)
>Gott

Geh und erzähle es!

Als sie es sahen, erzählten die Hirten, was ihnen der Engel über das Kind gesagt hatte. Und alle, die ihren Bericht hörten, waren darüber sehr erstaunt.

Lukas 2,17–18

Schalom! Friede sei mit dir!
>Stell dir vor, du wärst einer der Hirten gewesen, die in der Nacht, als Jesus geboren wurde, die Schafe hüteten. Sie langweilten sich wahrscheinlich sehr, als sie da herumsaßen. Dann plötzlich erstrahlte der ganze Himmel mit hellem Licht. Da waren Engel, die von der Geburt eines neuen Königs sangen, der den Frieden für die ganze Welt bringen würde. :-o
Wärst du nicht nach Bethlehem gerannt, um den neugeborenen König mit deinen eigenen Augen zu sehen? Und wenn du ihn dort gefunden hättest, hättest du dann nicht allen von ihm erzählen wollen, genauso wie es die Hirten taten?
So, und nun denke mal hierüber nach. Wenn Jesus in deinem Herzen lebt, kennst du ihn dann nicht viel besser als diese Hirten? Und warum erzählst du dann nicht jedem, was du gefunden hast? Geh und erzähle es jedem, der es hören will und offen ist dafür!
Der Vater der guten Nachricht, :-)
>Gott

Mit mir ist alles möglich

Wenn euer Glaube nur so groß wäre wie ein Senfkorn, könntet ihr zu diesem Berg sagen: «Rücke von hier dorthin!», und es würde geschehen. Nichts wäre euch unmöglich!

Matthäus 17,20

Ich hatte Sehnsucht nach dir!
>Manche Menschen lassen sich von anderen sagen, was sie nicht können. Sie geben sich dann mit sehr wenig in ihrem Leben zufrieden, nur weil ein Elternteil gesagt hat, sie würden es niemals zu etwas bringen. Andere Menschen jagen ihr ganzes Leben lang vergeblich den Träumen ihrer Eltern hinterher, anstatt dass sie herausfinden, was ich als ihr himmlischer Vater gern möchte, das sie tun sollen. >:-(
Wenn du mich kennst, dann können dich die Leute nicht in die Enge treiben mit dem, was du kannst oder angeblich nicht kannst. Du bist nicht gebunden durch das, was du für deine Gaben und Fähigkeiten hältst. Wenn du mich in deinem Leben hast, dann gibt es für dich keine Grenzen oder Einschränkungen. :-o Du kannst alles tun, wozu ich dich auffordere. Wenn du das Gefühl hast, ich würde dich zu etwas auffordern, das zu groß oder gar unmöglich ist, dann mach dir keine Sorgen. Du wirst es nicht allein tun müssen. Ich werde auf jedem Schritt deines Weges bei dir sein. Und darum fürchte dich nicht, mich um einen großartigen Plan für dein Leben zu bitten. Durch mich ist alles möglich.
Der Möglichmacher, :-)
>Gott

Ich gebe dir gerne Gutes

Welcher Vater würde seinem Sohn denn eine Schlange geben, wenn er ihn um einen Fisch bittet, oder einen Skorpion, wenn er ein Ei haben möchte?

Lukas 11,11–12

Hallo, bist du gut drauf?
>Stell dir vor, du wärst der reichste Mensch auf der ganzen Welt. Und nun stell dir vor, dass du dich in jemanden verlieben würdest, der sehr, sehr arm wäre. Würdest du diesem Menschen nicht das geben wollen, was er braucht? Würde es dir nicht eine riesengroße Freude bereiten, wenn du diesem Menschen die wirklich guten Dinge geben könntest, einfach weil du ihn liebst? Aber sicher doch! :-)
So fühle ich mich bei dir. Mir gehört alles auf der Erde – alle Sachen gehören mir. Und ich liebe dich unheimlich. Und darum brauchst du dir keine Gedanken zu machen, dass ich dir nicht gebe, was du brauchst. Es macht mich glücklich, für dich zu sorgen. Damit meine ich jetzt nicht in erster Linie Geld. Vielleicht brauchst du Kraft, um durch jeden Tag zu kommen. Vielleicht brauchst du einen speziellen Segen und ganz konkrete Führung auf deinem Weg. Vielleicht brauchst du Heilung oder Hilfe bei einer Freundschaft. Was du auch immer brauchst, du kannst mir vertrauen, dass ich für dich sorge.
Der, der deine Bitten ernst nimmt, :-)
>Gott

Keine Ausreden

Jeder hatte auf einmal Ausreden. Einer sagte: «Ich habe ein Grundstück gekauft, das muss ich unbedingt besichtigen. Bitte entschuldige mich!»

Lukas 14,18

Grüß dich!
>Ausreden sind ja sooo verlockend! Wenn du als Zweiter ins Ziel kommst, ist es verlockend zu sagen: «Wenn ich doch nur meine guten Laufschuhe gehabt hätte, dann hätte ich gewonnen.» Wenn du zu jemandem gemein bist, dann sagt es sich so leicht: «Nun, wenn er mich gestern nicht so angeschrien hätte und das Wetter heute besser gewesen wäre, wäre ich bestimmt nicht so gemein zu ihm gewesen. Ich hatte eben Kopfweh.» :,-(
Tja, ich möchte aber nicht, dass du dein Leben im Land der Ausreden führst. Ich möchte, dass du mir vertraust. Ich möchte, dass du bei allem, was du tust, dein Bestes gibst, und dass du dann das Ergebnis ohne Ausrede akzeptierst. Du sollst das tun, weil Menschen, die ständig und für alles eine Ausrede parat haben, niemals herausfinden werden, wer sie wirklich sind. Sie verbergen ihre Fehler und geben mit ihrem Können an. Aber erst wenn du deine wirklichen Stärken und Schwächen kennst, kennst du dich selbst. Und darum zieh jetzt deine besten Laufschuhe an, beginne ein neues Rennen und gib dein Bestes. Und keine Ausreden!
Ausreden mag ich nicht, >:-(
>Gott

Brunnen Verlag 11:55 100%

Immer nur einen Bissen

Darum habe ich euch nur Milch und keine feste Nahrung gegeben, denn die hättet ihr gar nicht vertragen. Selbst jetzt vertragt ihr diese Nahrung noch nicht ...

1. Korinther 3,2

Hallo, ich bin's schon wieder!
>Ich erwarte nicht von dir, dass du über Nacht zu einem geistlichen Riesen wirst. Du hast ein ganzes Leben vor dir, in dem ich vor dir hergehe. Und ich werde dir genau das geben, was du in jedem Lebensabschnitt brauchst, damit du genau zu der Persönlichkeit wirst, wie ich sie mir vorstelle. :-o
Als du noch ein Baby warst und keine Zähne hattest, da hat dir deine Mama auch keine Schnitzel und keine rohen Karotten zu essen gegeben. Sie wusste, dass du dafür noch nicht bereit warst. Und darum hat sie mit Milch angefangen. Genauso werde ich dich geistlich nach und nach großziehen. Und darum sei nicht enttäuscht, wenn du jetzt noch kein total reifer Christ bist. Ich arbeite daran. Sei einfach immer hungrig nach geistlichen Dingen. Lass dich füttern durch Bibelarbeiten, Gebete, Anbetungslieder, Unterricht und durch Freundschaften mit anderen Christen. Und ich will dafür sorgen, dass du zu einem gesegneten Kind meines Reiches heranwächst. Wir wollen nur immer einen Bissen nach dem anderen in Angriff nehmen, okay?
Der dich ernährt, :-)
>Gott

ııll Brunnen Verlag 11:55 100%

Stell den Piloten nicht in Frage

Wehe dem, der seinen Schöpfer anklagt! Er ist doch in Gottes Augen nicht mehr als ein Tonkrug unter anderen. Fragt denn ein Tonklumpen den Töpfer: «Was tust du da mit mir?» Oder macht er sich lustig und sagt: «Mein Meister hat zwei linke Hände!»?

Jesaja 45,9

Schalom! Segen sei mit dir!
>Wenn du mit einem Flugzeug fliegst, dann stellst du die Flugkünste des Piloten nicht in Frage, oder? Wenn du eine kleine Turbulenz spürst, dann klopfst du ja nicht an die Tür zum Cockpit und sagst dem Kapitän, dass du das Steuer übernehmen willst. Nein, du vertraust darauf, dass der Pilot genau weiß, was er tut. ;-)
Genauso möchte ich, dass du mir vertraust, was dein Leben angeht. Es ist leicht zu sagen: «Nimm mein Leben, Herr, und mache damit, was du für richtig hältst.» Aber wenn die Dinge nicht so laufen, wie du willst, dann sagst du vielleicht: «Danke, Gott. Jetzt übernehme ich das Steuer wieder.» >:-(Wenn du zum Beispiel Rechtsanwältin werden wolltest, und ich berufe dich, Missionarin zu werden, dann könntest du versucht sein, trotzdem Jura zu studieren. Oder wenn du Prediger werden wolltest, ich aus dir aber einen Ingenieur machen möchte, dann könntest du versucht sein, trotzdem auf eine Bibelschule zu gehen. Aber du musst wissen: Wenn du mir die Kontrolle über dein Leben übergibst, dann weiß ich, was das Beste ist. Vertraue mir bitte.
Der Pilot auch in größten Turbulenzen, :-)
>Gott

Brunnen Verlag 11:55 100%

Dein solides Fundament

Das Fundament, das bei euch gelegt wurde, ist Jesus Christus. Niemand kann ein anderes oder gar besseres Fundament legen.

1. Korinther 3,11

Ich denke oft an dich!
>Du könntest das coolste Haus der Welt bauen. Es könnte sogar aus reinem Gold und Elfenbein-Türmen gemacht sein. Aber wenn das Haus kein solides, starkes Fundament hätte, würde es bald einstürzen. Das Fundament befindet sich ganz tief unter einem Haus. Es ist der Teil, der alles andere hält und trägt. :-o
Jesus Christus ist das solide Fundament, auf dem du ein besonderes Leben bauen kannst. Du musst nun mal dein Leben auf etwas aufbauen. Wenn du es auf Jesus und seiner Wahrheit aufbaust, dann kann kein Traum zu hoch und kein Problem zu groß sein. Aber wenn du dein Leben und deinen Selbstwert auf irdischen Dingen aufbauen willst, wie zum Beispiel auf Geld, deinem Aussehen oder auf Erfolg, dann wird eines Tages alles zusammenbrechen. Geld, gutes Aussehen und Erfolg sind nicht schlecht, aber sie waren niemals dazu gedacht, dein ganzes Leben zu tragen. Nur Jesus kann dein solides Fundament sein.
Im Bauen kenne ich mich aus! ;-)
>Gott

Versuch es einfach!

Alle sollen nun wissen, dass Gott seinen ewigen Plan durch unseren Herrn Jesus Christus verwirklicht hat. Jetzt können wir zu jeder Zeit furchtlos und voller Zuversicht zu Gott kommen, weil wir an ihn glauben.

Epheser 3,11–12

E-Mail für dich!!
>Man kann prima den Experten spielen, wenn man von der Seitenlinie zusieht. So leicht ist gesagt: «Ich könnte das auch.» Es ist so leicht, das Leben auf der sicheren Seite zu leben, damit möglichst nichts schiefgeht. Aber ich hätte lieber einen Menschen, der etwas versucht und dann eben auch mal etwas «in den Sand setzt». Das ist mir lieber als eine Million Menschen, die gar nichts wagen. >:-(
Ich möchte, dass du dieser eine Mensch bist, der etwas versucht. Lebe dein Leben nicht so, dass du dich vor jedem Scheitern schützt. Lebe dein Leben so, dass du nach dem absolut Besten strebst, das ich dir zu bieten habe, und gib dich nicht mit weniger zufrieden. Wenn du das Gefühl hast, dass ich dich rufe, um etwas wirklich Schwieriges zu tun, dann sitz nicht herum und denk dir Gründe aus, warum es nicht funktionieren kann. Geh los und trau dich. Vielleicht gelingt es dir nicht ganz, aber wenn du nichts riskierst, dann erreichst du auch nichts. Lebe dein Leben nicht auf der sicheren Seite. Mach einen Schritt nach vorn und vertraue mir.
Und dann mach dich an die Arbeit! :-)
>Gott

Brunnen Verlag 11:55 100%

Was für eine Gelegenheit!

Du zeigst mir den Weg, der zum Leben führt. Du beschenkst mich mit Freude, denn du bist bei mir.

Apostelgeschichte 2,28

Hallo, meine Gedanken sind wieder bei dir!
>Wenn du morgens aufwachst, woran denkst du als Erstes? Bist du ganz gespannt auf deinen Tag, oder quälst du dich aus deinem Bett und denkst: «Oh Mann, dann wollen wir mal wieder»? Wenn du dich vor dem neuen Tag fürchtest, dann ändere bitte deine Einstellung. Ich möchte, dass du das Leben als Abenteuer betrachtest und nicht als Sackgasse. Auch wenn es so aussieht, als ob du jeden Tag dieselbe Routine hast (Schule, Hausaufgaben, Spielen, Essen, Schlafen), kannst du dennoch für die Schönheiten des Lebens die Augen aufmachen. Wenn du anfangen kannst, jeden Tag als erstaunliche, einmalige Gelegenheit deines Lebens zu betrachten, dann wirst du wirklich anfangen, das Leben zu lieben. :-) Jeder Tag ist absolut einzigartig: voller Chancen, andere Menschen zu lieben, und voller Chancen, Erstaunliches von mir zu hören. Halte nach den schönen Dingen Ausschau. Es gibt sie, auch wenn du sie bis jetzt noch nicht bemerkt hast. Mach die Augen auf und fang an, das Leben als Gelegenheit anstatt als langweilige Routine zu betrachten.
Der, der aus jedem Tag etwas Besonderes macht, :-)
>Gott

Brunnen Verlag 11:55 100%

Achte auf negative Bemerkungen

Denn ich befürchte, dass ich euch bei meiner Ankunft nicht so antreffen werde, wie ich es erhoffe ... Hoffentlich erwarten mich bei euch nicht wieder Streit, Neid, Zorn und hässliche Auseinandersetzungen! Hoffentlich gibt es nicht wieder Verleumdung und bösartiges Gerede ...

2. Korinther 12,20

Grüß dich!
>Menschen mit einer negativen Lebenseinstellung sind wie schwere Gewichte, die einen in die Tiefe ziehen. Wenn du mit Leuten zusammen bist, die das Leben nur als große Belastung ansehen, dann ist es schon schwer, ihre Art zu denken nicht zu übernehmen. Wenn deine Freunde die anderen Menschen immer nur herunterziehen, dann ist das schon fast ansteckend. Bald schon wirst du es ihnen nachmachen. :,-(
Ich habe heute einen Auftrag für dich. Du sollst einmal darauf achten, wie viel von dem, was deine Freunde sagen und tun, negativ ist. Du sollst sie aber nicht wegen ihrer negativen Einstellung verurteilen. Halte ihnen deswegen auch keine Vorträge. Ich möchte nur, dass du mal darauf achtest. Und dabei sollst du versuchen, es ihnen nicht nachzumachen mit eigenen negativen Bemerkungen. Manchmal gewöhnt man sich so leicht an Negatives, dass es einem völlig normal erscheint. Aber ich möchte, dass du die Menschen durch Augen der Liebe ansiehst. Und ich möchte, dass du das Leben als wunderbar und positiv betrachtest.
Ich möchte dich positiv denken sehen! :-)
>Gott

Brunnen Verlag 11:55 100%

Klatsch und Tratsch tun weh

Verleumdet einander nicht, und tut nichts, was das Leben anderer gefährdet! Ich bin der Herr.

3. Mose 19,16

Na, alles okay?
>Hast du schon einmal gehört, wie jemand etwas Schlechtes über dich gesagt hat? Das hat doch bestimmt deine Gefühle verletzt, oder? Schlecht über andere Menschen zu reden ist eine Gewohnheit, die man sich so schrecklich schnell angewöhnen kann. Es kann Spaß machen, oder man kann sich die Zeit damit vertreiben, wenn man sonst nichts zu sagen hat. Aber Klatsch und Tratsch verletzen. Es verletzt die Person, über die getratscht wird, und es verletzt auch die Person, die so redet. Wenn du schlecht über jemanden redest, dann tut das deinem Herzen weh, weil ich dich geschaffen habe, damit du andere Menschen liebst und nicht verletzt. :,-(
Und darum möchte ich, bevor du anfängst, hinter dem Rücken eines anderen zu reden, dass du dir vorstellst, du würdest dieser Person diese Sachen ins Gesicht sagen. Und bevor du jemandem etwas Schlechtes ins Gesicht sagst, stell dir vor, wie du dich fühlen würdest, wenn ein anderer dies zu dir sagen würde. Denk mal darüber nach, was du mit deinen Worten alles anrichten kannst. Tu anderen und dir nicht weh.
Ich rede nie so über dich, :-)
>Gott

Brunnen Verlag 11:55 100%

Schwieriges Stadium?

Ihr Israeliten, ihr Nachkommen Jakobs, denkt immer daran: Ich habe euch geschaffen, ihr gehört zu mir und seid meine Diener! Niemals werde ich euch vergessen.

Jesaja 44,21

Hi, was machst du gerade?
>Wenn junge Menschen erwachsen werden, dann können ulkige Dinge passieren. Vielleicht hast du einige solcher Veränderungen auch schon an dir bemerkt. Vielleicht quietscht deine Stimme, weil sie sich verändert. Vielleicht wächst du plötzlich auch sehr stark oder wirst ein bisschen kräftiger, als du früher warst. Du kannst so viele Pickel bekommen, dass es aussieht, als hätte der Pizzadienst dein Gesicht beliefert. ;-) Wenn solche Dinge geschehen, dann kann das schon ein wenig seltsam sein, weil du dich dann so fühlst, als ob du nicht mehr die Person bist, die du mal warst. Es kann sich so anfühlen, wie wenn du in einen ganz neuen Körper gestiegen wärst, der noch gar nicht so richtig zu passen scheint. :-o Wenn du dich so fühlst, dann sollst du wissen, wie sehr ich dich liebe. Auch wenn es scheint, dass du in einem schwierigen Entwicklungs-Stadium bist, sehe ich dich als VOLLKOMMEN an. Wenn du mit mir gehst, dann werde ich dich durch diese schwierigen Phasen begleiten. Du bist mein Kind. Ich liebe dich so, wie du bist.
Ich hab mir übrigens auch bei
den Pickeln was gedacht! ;-) ;-) ;-)
>Gott

Mach das Haus nicht kaputt

Denkt also daran, dass ihr Gottes Tempel seid und dass Gottes Geist in euch wohnt! Wer diesen Tempel zerstört, den wird Gott richten. Denn Gottes Tempel ist heilig, und dieser Tempel seid ihr!

1. Korinther 3,16–17

Hi, da bin ich wieder!
>Wenn du ein millionenteures Haus auf einem wunderschön gelegenen Grundstück gebaut hättest, dann wette ich, du würdest nicht hineingehen und einen Haufen Müll auf den Boden schmeißen und Dreck und verdorbenes Essen auf die Wände schmieren. Stattdessen würdest du es mit den besten Sachen dekorieren wollen, die du dir leisten könntest. Schau, DU bist das kostbare Haus, in das mein Sohn, mein Heiliger Geist und ich einziehen wollen, wenn du uns nur lässt. Ich möchte dein Leben nur mit den feinsten und schönsten Dingen einrichten, wie zum Beispiel mit Liebe, mit guten Gedanken und mit Freundlichkeit. Diese Dinge werden aus deinem Leben einen Ort der Schönheit und der Behaglichkeit machen. Aber wenn du dich einlässt auf Dinge wie Gier, schlechte Gedanken oder Hass, dann ist das genauso, als ob du dein Leben kaputtmachen würdest. Es ist, als ob du Müll auf nagelneuem Parkett verteilst und Dreck auf neu tapezierte Wände schmierst. Ich habe dich für all die guten Dinge geschaffen, mein Kind. Mach dein Leben nicht kaputt.
Lass mich bei dir einziehen! :-)
>Gott

Ein neuer Mensch

Vor Gott ist es vollkommen gleichgültig, ob wir beschnitten oder unbeschnitten sind. Wichtig ist allein, dass wir durch Christus neue Menschen geworden sind.

Galater 6,15

Schalom, Friede sei mit dir!
>Wenn du mich in dein Leben bittest, dann mache ich aus dir einen neuen Menschen. Nicht, dass ich aus dir eine Art christlichen, roboterhaften Klon mache. Keine Angst, du bist und bleibst ein «Einzelstück»! Was ich mache, ist Folgendes: Ich mache aus dir das Beste, was du sein kannst. :-) Ich nehme Augen, die vielleicht ohne Hoffnung ins Leben geblickt haben, und tausche sie aus durch Augen, die das Leben voller Hoffnung betrachten. Ich nehme einen Mund, der vielleicht böse und schmerzende Worte gesprochen hat, und ersetze ihn durch einen Mund, der Worte der Liebe und der Heilung spricht. Ich nehme Hände, die nur für selbstsüchtige Dinge gearbeitet haben, und ersetze sie durch Hände, die mich erheben und anderen dienen. Ich nehme ein trauriges, zorniges Herz und ersetze es durch ein Herz der Vergebung und der Freiheit. Wenn du mich darum bittest, dann will ich dir dieses neue Leben geben und dich zu diesem neuen Menschen machen.
Der, der dich verändern kann, :-)
>Gott

Brunnen Verlag 11:55 100%

Mach die Tür auf – ich bin's!

Merkst du es denn nicht? Noch stehe ich vor deiner Tür und klopfe an. Wer jetzt auf meine Stimme hört und mir die Tür öffnet, zu dem werde ich hineingehen und Gemeinschaft mit ihm haben.

Offenbarung 3,20

Mein Segen ist mit dir!
>Ich stehe vor der Tür deines Herzens und klopfe an. Ich möchte in dein Leben kommen und der beste Freund sein, den du jemals hattest. Ich möchte dir ein ganz erstaunliches, wunderbares Leben auf der Erde und dazu die Ewigkeit im Himmel schenken. Aber du bist die Person, die die Tür aufmachen und mich hereinlassen muss. Ich werde die Tür deines Herzens nicht aufbrechen und dich niemals zwingen, mich zu lieben. Bist du bereit aufzumachen, oder gibt es Dinge, die den Eingang versperren? Hast du Angst davor, was geschehen könnte, wenn du mir aufmachst? Bist du ärgerlich auf mich wegen etwas, das in deinem Leben falsch gelaufen ist? Hast du den Eindruck, du hättest zu viele Sünden begangen, als dass du mich hereinlassen könntest? Oder verstehst du einfach nicht, warum der Gott des Universums in dein Herz kommen möchte? Nun, was immer dein Herz verschließt, ich ermutige dich dazu, die Tür aufzuschließen und weit zu öffnen. Ich bitte dich, mir eine Chance zu geben. Ich werde hineingehen und Vergebung und Freundschaft mitbringen.
Ich freue mich auf dich! :-)
>Gott

Lass mich dein Leben fliegen

Immer werde ich euch führen. Auch in der Wüste werde ich euch versorgen, ich gebe euch Gesundheit und Kraft.

Jesaja 58,11

Ich hab da mal eine Frage:
>Wenn du dich ans Steuer eines Bundeswehr-Jets setzen und starten solltest – wen würdest du dir als Co-Piloten auswählen, damit er dir hilft, die Maschine zu fliegen? Würdest du deinen besten Freund oder deinen Nachbarn oder deinen Lehrer wählen? Wahrscheinlich keinen von ihnen. Wenn du nicht abstürzen willst, dann würdest du den besten Piloten suchen, den du finden könntest. Du würdest nach jemandem suchen, der alles weiß, was man über das Flugzeug wissen kann. ;-)
Ja, dein Leben ist ein wenig wie eine Reise in einem komplizierten Jet. Deine Freunde, Nachbarn und Lehrer mögen dir einige wohlmeinende Ratschläge geben. Aber niemand auf der Erde kann das «Flugzeug» deines Lebens so gut steuern wie der, der es entworfen hat. Da ich dein Leben geschaffen habe, bin ich der beste Pilot, den dieses Leben zu bieten hat. Versuche nicht, allein zu fliegen, und setze auch nicht auf einen zweitklassigen Piloten. Lege dein Leben in meine Hände, und ich werde dich an ganz erstaunliche Orte führen.
Wir werden deinen Jet sauber hochkriegen! ;-)
>Gott

Brunnen Verlag 11:55 100%

Sei treu mit deinem Leben

Dafür halte uns jedermann: für Diener Christi und Haushalter über Gottes Geheimnisse. Nun fordert man nicht mehr von den Haushaltern, als dass sie für treu befunden werden.

(Luther 99) 1. Korinther 4,1–2

Hi, bist du heute gut drauf?
>Wenn die Bibel von einem «Haushalter» spricht, dann meint sie nicht einen, der in einem Haushalt kocht, wäscht und bügelt. Ein Haushalter ist jemand, der sich um die Sachen eines anderen Menschen kümmert. Ein Haushalter kümmert sich um das Eigentum seines Chefs und versucht, das Beste daraus zu machen. Was einen Haushalter (oder auch Verwalter) so richtig verderben kann, ist etwas ganz Bestimmtes: Wenn er anfängt zu glauben, dass die Sachen, um die er sich kümmert, seine eigenen seien. Dann wird er egoistisch und fängt an, seinen Job schlecht zu machen. >:-(
Du bist mein Haushalter auf der Erde. Ich bin der Schöpfer und Eigentümer der Erde und von allem, was darauf ist. Und dazu gehört auch DEIN Leben. Einer der schlimmsten Fehler, den du machen kannst, ist, wenn du glaubst, dass dein Leben und das ganze Drumrum allein dir gehört. Ich habe dir tolle Gaben geschenkt und eine Menge Verantwortung. Nun ist es an dir zu entscheiden, wie du dein Leben organisieren willst. Ich hoffe, dass du es zum Guten und mir zu Ehren einsetzt.
Der, dem alles gehört – auch du! :-)
>Gott

Deine Bereitschaft ist gefragt

«Ich will mich dem Herrn ganz zur Verfügung stellen», antwortete Maria. «Alles soll so geschehen, wie du es mir gesagt hast.»

Lukas 1,38

Hallo, Post für dich!
>Als der Engel der jungfräulichen Maria erschien und ihr sagte, dass sie die Mutter meines Sohnes werden sollte, wie mag sie sich da wohl gefühlt haben? Das ist schon eine ziemlich heftige Nachricht! :-o Maria wusste nicht genau, wie das alles funktionieren sollte und wie es ihr Leben verändern würde, aber sie musste ganz plötzlich eine Entscheidung treffen. Sie konnte wählen, meinem Plan für ihr Leben zuzustimmen und mitzumachen. Oder sie hätte Nein sagen können, und ich hätte dann eine andere Frau ausgewählt. :,-(
Obwohl Maria kein Geld hatte und noch nicht einmal verheiratet war, hatte sie eine riesige Gabe: Sie hatte Glauben. Sie war bereit, das zu tun, worum ich sie bat. Sie sagte im Grunde: «Benutze mich, Gott, so wie du es willst. Ich will ein Teil deines Planes sein.»
Weil Maria bereit war, ließ sie mich ihr Leben dazu benutzen, die Welt für alle Zeiten zu verändern. Ich möchte, dass du dieselbe Bereitschaft hast, wie Maria sie hatte. Wenn ich dir meinen Plan für dein Leben zeige, dann sag bitte wie Maria: «Benutze mich, Gott.»
Ich bitte dich: Sei bereit! :-)
>Gott

Wie ein großartiges Lied

Du hast mich geschaffen – meinen Körper und meine Seele, im Leib meiner Mutter hast du mich gebildet. Herr, ich danke dir dafür, dass du mich so wunderbar und einzigartig gemacht hast! Großartig ist alles, was du geschaffen hast – das erkenne ich!

Psalm 139,13–14

Ich hatte Sehnsucht nach dir!
>Wenn jemand ein ganz tolles Lied schreibt, dann ist das eine Arbeit der Liebe. Dieses Lied hat genau die richtigen Worte, die perfekten Akkorde und eine Melodie, die alles zusammen einfach toll klingen lässt. Manchmal ist ein Liedautor ganz erstaunt über sein eigenes Lied, weil es so wunderbar geworden ist. :-o Diese Gefühle habe ich bei dir. Als ich dich geschaffen habe, habe ich an dir gearbeitet. Ich habe nicht wie zufällig herausgepickt, was für eine Person ich da mache. Es war mir wirklich sehr wichtig. Ich habe das perfekte Gehirn für dich genommen. Das bedeutet nicht, dass es das schlaueste Gehirn der Welt wäre oder das fantasievollste; es ist einfach perfekt für dich. Ich habe auch einen tollen Körper für dich ausgewählt. Und selbst wenn du jetzt hier sitzt und alles siehst, was an dir unvollkommen erscheint: Ich wusste genau, was ich tat – damals, als ich dich «zusammensetzte». :-)
Ich könnte nicht stolzer auf dich sein, mein Kind. Ich möchte, dass du anfängst, in dir meine Kunst zu sehen und auch, wie sehr ich dich liebe.
Der, der's gut mit dir meint, :-)
>Gott

Spiel mit dem Team

Wenn ihr dagegen in enger Verbindung mit dem Herrn lebt, werdet ihr mit ihm eins sein durch seinen Geist.

1. Korinther 6,17

Hast du darüber schon mal nachgedacht?
>Du könntest einem Fußballverein beitreten. Du könntest die Aufnahmegebühr bezahlen, das Trikot besorgen, zum Training gehen und bei allen Spielen dabei sein. Aber wenn deine Mannschaft nicht gelernt hat, wie man als Team spielt, dann werdet ihr verlieren. Du siehst, es ist ein großer Unterschied, ob man in einer Mannschaft ist oder wirklich als Mannschaft spielt. :-o
So ist es auch mit deinem Glauben. Wenn du an Jesus und mich glaubst und wenn du uns bittest, in dein Leben zu kommen, dann bist du dem christlichen Team beigetreten. Aber du musst immer noch jeden Tag Entscheidungen treffen. Willst du meinem Team beitreten und in meiner Mannschaft in diesem Spiel namens Leben mitspielen? Willst du mich jeden Tag nach dem Spielplan fragen? Willst du mit mir und deinen christlichen Teamkollegen an die Arbeit gehen für das Beste, was das Leben zu bieten hat? Oder willst du weiter als Solokünstler nur dein eigenes Ding machen und das Spiel verlieren? Ich mache dir Mut. Sei nicht nur dabei. Komm jeden Tag zu mir, und lass uns als Team spielen.
Dein bester Trainer, :-)
>Gott

Äpfel und andere gute Sachen

Alles, was Gott uns gibt, ist gut und vollkommen. Er, der Vater des Lichts, ändert sich nicht; niemals wechseln bei ihm Licht und Finsternis.

Jakobus 1,17

Ich grüße dich!
>Es gibt viele Menschen, die in großen Städten leben und niemals einen Apfel- oder einen Birnbaum sehen werden. Aber sie gehen jede Woche in irgendein Lebensmittelgeschäft und kaufen Äpfel und anderes leckeres Obst. Sie werden ihr ganzes Leben lang Früchte essen, von denen sie nicht wissen, wo sie herkommen.
Genauso werden manche Menschen ihr ganzes Leben lang die Schönheit dieser Welt genießen. Sie sehen meine Kunst beispielsweise in den wunderbaren Sonnenuntergängen. Sie spüren meine ganze Freundlichkeit in dem Lächeln eines Freundes. Sie spüren mein Mitgefühl in der Sorge eines lieben Menschen. Ja, sie werden die Frucht meiner Liebe genießen, aber sie werden mich nie kennen lernen. Das bricht mir das Herz. :,-(
Alles Gute auf der Erde soll ja genossen werden, aber es soll auch auf mich hinweisen. Ich möchte, dass du ein Mensch bist, der all die guten Früchte dieses Lebens genießt, aber ich möchte auch, dass du mich dahinter erkennst – mich, den Geber all dieser guten Dinge.
Ich bin so gerne großzügig, :-)
>Gott

Die Erdanziehungskraft und Gott

Christus ist das Ebenbild des unsichtbaren Gottes, er war als Erster vor Beginn der Schöpfung da ... Denn Christus war vor allem anderen; und alles besteht durch ihn.

Kolosser 1,15 und 17

Hi, wie geht es dir heute?
>Die Erdanziehungskraft ist eine unsichtbare Kraft, die dich und alles um dich herum auf der Erde festhält. Sie ist es, die dafür sorgt, dass du nicht nach oben durch die Decke fliegst, wenn du hochspringst. Sie ist es, die dafür sorgt, dass du dich bewegen kannst, ohne wie ein Luftballon aufzusteigen. Du kannst die Erdanziehungskraft nicht sehen, aber ihre Auswirkungen sind überall um dich herum deutlich sichtbar. :-o
Irgendwie bin ich der Erdanziehungskraft sehr ähnlich. Ich bin eine mächtige Kraft, die dafür sorgt, dass du jeden Tag dein Leben leben kannst. Ich bin hier, damit du nicht in ein bedeutungsloses Leben abtreibst. Ich helfe dir, dass du dich voller Zuversicht bewegen kannst. Mit deinen Augen kannst du mich nicht sehen, aber du kannst erkennen, wie ich in der Welt um dich herum am Werk bin. Ohne mich und ohne meine Gegenwart auf der Erde würde überall der Wahnsinn ausbrechen. Ich halte alles zusammen. Und darum zweifle nicht daran, dass ich existiere, nur weil du mich nicht sehen kannst. Ich halte übrigens auch *deine* Welt zusammen! ;-)
Die mächtige Kraft hinter allem, :-)
>Gott

Die kleinen Dinge sind wichtig

Doch schließlich konnte sie ihn nicht mehr verbergen. Sie nahm einen Korb aus Schilfrohr und dichtete ihn mit Erdharz und Pech ab. Dann legte sie das Kind hinein und setzte es im Schilf am Nilufer aus.

2. Mose 2,3

Schalom!
>Manchmal werden Dinge, die am Anfang gar nicht wichtig zu sein scheinen, am Ende doch noch sehr bedeutsam. Nimm zum Beispiel Mose: Er teilte für mich das Schilfmeer in zwei Teile. Das war ein total wichtiges Ereignis. Mose und die Israeliten konnten auf diese Weise trockenen Fußes von Ägypten auf die andere Seite des Meeres gehen und wurden so aus der Sklaverei befreit. :-o
Als Mose noch ein Baby war, da setzte ihn seine Mutter auf dem Nil aus, um ihn zu retten. Wie Moses Mutter sein Weidenkörbchen wasserdicht machte, war nur eine Kleinigkeit im Vergleich zur Teilung des Meeres, aber das war genauso wichtig für das Gelingen meines Planes. Das Körbchen trug Mose sicher dorthin, wo er von der Tochter des Pharaos gefunden wurde. Wenn das Körbchen gesunken und Mose ertrunken wäre, dann hätte er niemals leben und das Schilfmeer teilen können.
Ich wünsche mir, dass du in deinem Leben mit den kleinen Dingen genauso sorgfältig umgehst wie mit den großen Ereignissen. Diese kleinen Dinge können eine große Auswirkung auf dein Leben haben!
Der dir mit den kleinen Dingen hilft, :-)
>Gott

Mach deine Türen auf

Nehmt sie deshalb in Liebe auf, und beweist damit vor allen Gemeinden, dass wir euch zu Recht so sehr gelobt haben.

2. Korinther 8,24

Ich wollte dir mal wieder schreiben!
>Keiner würde sich die Mühe machen, ein schönes großes Haus zu bauen und dann einfach alle Türen und Fenster mit Brettern zu vernageln. Das wäre völlig verrückt, denn ein Haus soll dem Eigentümer und seinen Gästen Freude machen. Aber vernagelte Türen machen niemandem Freude. >:-(
Du bist auch wie ein wunderschönes Haus, das ich gebaut habe. An dir sind so viele tolle Sachen, die du mit anderen teilen sollst. Aber wenn du dich verschließt und vernagelst, dann wird sich niemand an dir erfreuen können. Fürchte dich nicht, du selbst zu sein, und lass dich nicht von einer gewissen Schüchternheit anderen gegenüber verunsichern. Fürchte dich nicht davor, andere Menschen einzuladen, damit sie dich kennen lernen und mich in deinem Leben erkennen. Mach deine Türen auf und sei die Person, die ich geschaffen habe. Lass jeden sehen, warum ich so stolz auf dich bin.
Ich liebe offene Türen! :-)
>Gott

ıııl Brunnen Verlag 11:55 100%

Keine echte Freiheit

«Es ist alles erlaubt», sagt ihr. Das mag stimmen, aber es ist nicht alles gut für euch. Mir ist alles erlaubt, aber ich will mich nicht von irgendetwas beherrschen lassen.

1. Korinther 6,12

Hallo, du!
>Wenn du dich in einem wilden Dschungel verlaufen hättest und nun versuchen würdest, dich in Sicherheit zu bringen: Würdest du die Freiheit haben wollen, überall herumlaufen zu können, wo du wolltest? Oder würdest du lieber den Weg in die Sicherheit kennen? Wenn du einen Führer hättest, der dir den besten Weg zeigen würde, wärst du auf ihn ärgerlich? Natürlich nicht. Du wärst auch froh, wenn er dich warnen würde, sobald du dich in Gefahr begibst. Du wärst dankbar, wenn er dich auf den sichersten Pfad geleiten würde. Oft wird das christliche Leben schlechtgemacht. Manche Leute denken, es bestehe nur aus einer Menge von Vorschriften, die die Menschen daran hindern sollen, richtig Spaß zu haben. Aber das stimmt nicht. Es ist einfach nur der beste Weg für dich durch den Dschungel des Lebens. Ich bin der Führer, der dich vor schmerzlichen Dingen warnt. Und ich zeige dir den Weg, dem du folgen sollst. Du hast immer noch die Freiheit, alles zu wählen, was du willst, aber ich möchte, dass du nur das Beste wählst. Freiheit ohne Führung ist eine gefährliche Freiheit.
Dein Führer, dein Licht auf dem Weg, :-)
>Gott

Warum nicht loslassen?

Ich will den Herrn von ganzem Herzen loben, alles in mir soll seinen heiligen Namen preisen! Ich will den Herrn loben und nie vergessen, wie viel Gutes er mir getan hat. Ja, er vergibt mir meine ganze Schuld ...

Psalm 103,1–3

Na, wie geht es dir heute?
>Hast du schon einmal etwas richtig Blödes gemacht? Ein Beispiel: Hast du schon einmal in der Schule etwas Superdummes gesagt, und die ganze Klasse hat dich deswegen ausgelacht? Und jedes Mal, wenn du jetzt an diese Dummheit denkst, dann ist es dir wieder peinlich und furchtbar unangenehm. >:-(
In deinen Gedanken sagst du dann immer wieder gemeine Dinge zu dir, wie: «Du Blödmann, du Trottel! Warum hast du nicht einfach deinen großen Mund gehalten?»
Tja, manchmal ist es eben leichter, anderen Leuten zu vergeben als sich selbst. Wenn du dich wegen früherer Fehler immer noch schuldig fühlst, dann willst du das oft gar nicht mehr loslassen. Ich bin der Gott des ganzen Universums, und ich habe dir schon vergeben; warum solltest du es dann nicht loslassen können? Das solltest du gleich tun, sobald du dich wieder daran erinnerst.
Dummheiten sind bei mir gut aufgehoben! :-)
>Gott

Brunnen Verlag 11:55 100%

Dein Leben ist deine Predigt

Allerdings genügt es nicht, seine Botschaft nur anzuhören; ihr müsst auch danach handeln. Alles andere ist Selbstbetrug!

Jakobus 1,22

Hallo, ich bin's schon wieder!
>Hast du schon einmal eine richtig beeindruckende Predigt von einem Prediger oder einem Jugendpfarrer gehört? Vielleicht haben seine Worte dein Leben sogar irgendwie verändert. Ich liebe gute Predigten, aber es interessiert mich viel mehr, was passiert, wenn die Prediger zu Ende gesprochen haben und wieder zurück in ihren Alltag gehen. Ob ihre Taten dann wohl zu ihren Worten passen???
Jesus war ein beeindruckender Prediger, dessen Taten immer zu seinen Worten passten. Du kannst sogar von ihm lernen, wenn du dir nur sein Leben ansiehst. Wenn du siehst, wie er seinen Freunden die Füße gewaschen hat, kannst du daran lernen, wie man anderen dient. Wenn du ihn siehst, wie er die Kinder in den Arm nimmt und auf andere Menschen zugeht, kannst du lernen, wie man liebt. Wenn du siehst, wie er am Kreuz seinen Feinden vergibt, kannst du lernen zu vergeben. Die beeindruckendste Predigt, die Jesus je gehalten hat, war sein Leben.
Lass deine Taten zu deinen Worten passen, :-)
>Gott

Einer ist vollkommen

Was für ein Gott! Sein Handeln ist vollkommen, und was er sagt, ist wahr ... Darum will ich dich loben, Herr. Alle Völker sollen es hören! Zu deiner Ehre will ich singen.

2. Samuel 22,31 und 50

Ich hab mal eine Frage:
>Wenn du einen Fehler gemacht hast, hast du da schon einmal gesagt: «Keiner ist vollkommen»? Nun, wenn du das nächste Mal diesen Satz sagen willst, dann denke vorher bitte einmal nach. Der Satz stimmt doch überhaupt nicht. :-o
Einer ist nämlich vollkommen, und dieser Eine bin ich. Alles an mir ist zu einhundert Prozent richtig, wahr und ohne Fehler. Meine Ideen sind vollkommen. Meine Pläne sind vollkommen. Meine Worte sind vollkommen. Und jetzt kommt das eigentlich Interessante: Alles, was ich geschaffen habe, ist vollkommen. Und damit meine ich auch dich. Sicher, die Sünde kann in ein Leben kommen und meine vollkommene Schöpfung verderben. Aber Jesus ist gestorben, um dir zu vergeben. Und sobald du deine Sünden bekennst, gebe ich dir die vollkommene Vergebung. Versprochen!
Wenn du das nächste Mal wieder sagen willst: «Keiner ist vollkommen», dann denk mal daran. Ich bin vollkommen, und ich tue mein vollkommenes Werk in dir. Auch wenn du das nie vollkommen verstehen können wirst! ;-)
Wie gesagt: Was ich sage, ist wahr, :-)
>Gott

Brunnen Verlag 11:55 100%

Vögel, Fische, Kängurus und du

Wir können ihm vertrauen, er hat uns die Tür zu diesem neuen Leben geöffnet. Im Vertrauen haben wir dieses Geschenk angenommen. Und mehr noch: Wir werden einmal an Gottes Herrlichkeit teilhaben. Diese Hoffnung erfüllt uns mit Freude und Stolz.

Römer 5,2

Schalom! Friede und Segen sei mit dir!
>Hast du schon einmal einen Vogel beobachtet, wie er durch die Luft geflattert ist? Bei Vögeln sieht das Fliegen so leicht aus. Weißt du auch, warum? Weil das Fliegen für einen Vogel leicht ist. Vögel wurden nämlich zum Fliegen geschaffen. ;-)
Immer wenn ein Geschöpf das tut, wozu es geschaffen wurde, dann fällt ihm das überhaupt nicht schwer. Fische können unter Wasser schwimmen und brauchen nicht aufzutauchen, um Luft zu holen. Kängurus können springen und springen und werden dabei überhaupt nicht müde. Faultiere schlafen in einer irren Position: Sie hängen mit ihrem ganzen Gewicht an einem Ast und halten sich nur mit «Händen und Füßen» fest. :-o
Glaub mir, wenn du tust, wozu du geschaffen worden bist, dann wird dein Leben viel leichter sein und dir viel mehr Spaß machen als vorher. Du wurdest geschaffen, um mich zu lieben und mir zu vertrauen. Du wurdest geschaffen, um andere Menschen zu lieben und in deiner Welt etwas zu bewegen. Lass mich dir dabei helfen, die Person zu sein, zu der du geschaffen wurdest.
Ich werde dich nicht enttäuschen, :-)
>Gott

Cooler als Videospiele

So verschieden die Gaben auch sind, die Gott uns gibt, sie stammen alle von ein und demselben Geist. Und so unterschiedlich auch die Aufgaben in der Gemeinde sind, so dienen wir doch alle dem einen Herrn.

1. Korinther 12,4–5

Hallo, du hast eine E-Mail!
>Stell dir vor, ein Mann aus dem Multimedia-Shop in deiner Stadt würde dich anrufen. Und stell dir vor, er würde dir sagen, dass der Laden ein Geschenk für dich bereit hätte – fünf der allerneuesten Videospiele. Du wärst doch bestimmt ganz schön aufgeregt. Aber diese Videospiele würden dir natürlich erst dann gehören, wenn du in den Laden gehst und sie abholst, stimmt's? ;-)
Ich habe für dich auch Geschenke. Meine Geschenke sind viel cooler als Videospiele. Ich habe Geheimnisse, die ich dir erzählen möchte. Ich habe einen beeindruckenden Plan für dein Leben. Ich habe Liebe, Vergebung und Freundschaft für dich. Ich habe Hilfe für deine Probleme und Heilung für deine Schmerzen. Güte, Gnade und Barmherzigkeit warten auf dich. Darum zögere nicht. Komm zu mir und pack all die tollen Sachen aus, auf denen dein Name steht. Ich möchte dich rundum beschenken, :-)
>Gott

Das Fest ist schon angelaufen

Mit der neuen Welt Gottes ist es wie mit einem König, der für seinen Sohn ein großes Hochzeitsfest vorbereitete.

Matthäus 22,2

Da bin ich wieder!
>Stell dir ein großes Fest vor. Ein wunderschönes Haus ist geschmückt mit Blumen und Girlanden und Kerzen. In jedem Raum spielt Musik. Köstliches Essen wird auf großen Tischen angerichtet. Der Gastgeber steht an der Tür und begrüßt glücklich alle seine Gäste. Die Zimmer sind erfüllt von Gesprächen und Lachen. Alle sind ausgelassen und fröhlich. :-)
Meine Liebe ist wie ein Fest, das schon angefangen hat. Ich habe an alle meine Einladungen verschickt. Manche Leute sind zu beschäftigt zum Mitfeiern. Andere müssen sich um ihren Laden kümmern. Wieder andere möchten lieber zu Hause bleiben und fernsehen. Da ist nix zu machen. >:-(
Aber viele Leute sind schon bei mir auf der Party. Sie genießen die Musik, das Lachen und die überall spürbare Freundschaft. Deine Einladung ist übrigens auch schon verschickt. Kommst du?
Du weißt ja: Ich warte auf dich! :-)
>Gott

Brunnen Verlag 11:55 100%

Ich arbeite immer noch an dir

Mit dem «Herrn» ist Gottes Geist gemeint. Und wo der Geist des Herrn ist, da ist Freiheit ... Der Herr verändert uns durch seinen Geist, damit wir ihm immer ähnlicher werden und immer mehr Anteil an seiner Herrlichkeit bekommen.

2. Korinther 3,17–18

Hallo, E-Mail für dich!
>Schmetterlinge gehören zu den tollsten Dingen in meiner Schöpfung. Ihre Flügel sind kleine Kunstwerke, mit vielen verschiedenen Farben und Mustern. Schmetterlinge haben keine besonders kunstvolle Flugtechnik wie Vögel. Sie machen einfach ihr eigenes Ding. Sie flattern und segeln durch die Luft in völliger Freiheit. :-o
Aber Schmetterlinge sind nicht von Anfang an so bunt und frei. Sie fangen als langweilige, eher unschöne Raupen an, die draußen herumkrabbeln. Lange Zeit verbringen sie dann in einem Kokon, wo sie wachsen und sich verändern. :-o
Sei nicht ungeduldig, wenn du dich manchmal so langweilig und unschön findest wie eine Raupe. Denk daran: Sogar Schmetterlinge fangen auf diese Weise an! Lass mich an deinem Leben arbeiten, und ich werde dich in einen schönen, farbenprächtigen und freien Menschen verwandeln.
Deine schützende Hülle, dein Kokon, ;-)
>Gott

Zwei verschiedenartige Väter

Der Herr selbst geht vor dir her. Er steht dir zur Seite und verlässt dich nicht. Immer hält er zu dir.

5. Mose 31,8

Noch eine Geschichte für dich:
>Es war einmal ein Mann, der versuchte, seine Tochter glücklich zu machen, indem er ihr alle möglichen Dinge schenkte. Er arbeitete immer bis spät abends, um sich all die teuren Kleider, die Videospiele und den tollsten Computer für sie leisten zu können. Aber das Mädchen war niemals richtig glücklich. >:-(
Dann, an einem Wochenende, verbrachte das Mädchen die Nacht bei einer neuen Freundin. Sie war überrascht, als sie das kleine, einfache Haus sah, in dem ihre Freundin lebte. Da gab es keinen Computer, keine tollen Kleider und keine Spiele. Aber der Vater ihrer Freundin war schon sehr früh nach Hause gekommen, um das Abendessen für die beiden Mädchen zu machen. Er redete und lachte mit ihnen während des Essens, und das Mädchen verbrachte eine tolle Zeit mit ihnen. Traurig wurde ihr bewusst, dass ihr eigener Vater ihr zwar viele Sachen gegeben hatte – aber er hatte ihr nie seine Zeit geschenkt.
Ich habe dir viele Sachen gegeben, mein Kind, aber das beste Geschenk, das ich für dich habe, ist meine Zeit. Lass sie mich mit dir verbringen.
Ich will dich glücklich machen, :-)
>Gott

Brunnen Verlag 11:55 100%

Neue und starke Worte

[Jesus sagt:] Denn wer durchhält und den Sieg erringt, den werde ich zu einer Säule im Tempel meines Gottes machen; er wird dort immer bleiben. Und er soll den Namen meines Gottes tragen ... Auch meinen eigenen neuen Namen wird er erhalten.

Offenbarung 3,12

Hallo, noch ein Gedanke für dich:
>Es gibt einen kleinen englischen Reim, der heißt «Stock und Stein brechen mir die Knochen, aber Worte tun mir nicht weh.» Das stimmt einfach nicht. Gemeine Worte tun mächtig weh. Wenn Eltern zu ihrem Kind «Fettsack» oder «wertlos» oder «Idiot» sagen, dann ist das fast so, als ob sie mit einem spitzen Pfeil auf ihr Kind schießen. >:-(Wenn Klassenkameraden ein Kind «dumm» oder «hässlich» oder «Hornochse» nennen, dann tut das mehr weh als eine Ohrfeige. Gemeine Worte kleben wie Kleister. Aber meine Liebe kann solche Worte sauber wegwaschen. Meine Liebe kann jeden gemeinen Namen aus deinem Gedächtnis und deiner Seele herausziehen, der dich wie ein Pfeil durchbohrt hat. :-)
Hör zu. Ich spreche neue und starke Worte zu dir. Ich gebe dir neue Namen. Du heißt «Geliebter Mensch, Freudemacher, Königskind». Und du heißt auch «Spezialausgabe, Mit-Gaben-beschenkter-Mensch, Wunderbar». Aber es gibt noch ein weiteres Wort, das alle anderen Worte noch toppt: Du bist MEIN!
Ich habe viele gute Gedanken über dich! :-)
>Gott

Leben wie ein Kaleidoskop

Ich bin das Licht für die Welt. Wer mir nachfolgt, irrt nicht mehr in der Dunkelheit umher, sondern folgt dem Licht, das ihn zum Leben führt.

Johannes 8,12

Hast du noch Zeit für eine letzte Mail?
>Hast du schon einmal ein Kaleidoskop ins Licht gehalten und durch das winzige Guckloch gesehen? Die glitzernden bunten Muster sehen aus wie Edelsteine, stimmt's? Aber die Wahrheit ist, sie sind nichts anderes als bunte Scherben. Es ist das Licht, das durch sie hindurchscheint, das sie erst so wunderschön macht. :-o
Dein Leben ist ein wenig wie dieses Kaleidoskop. Wenn deine Pläne nicht funktionieren, wenn deine Gefühle verletzt sind oder wenn deine Hoffnungen zerstört wurden, dann kann sich dein Herz wie zerbrochenes Glas anfühlen. Aber ich bin der Gott des neuen Anfangs. Halte dein Leben hoch ins Licht meiner Liebe. Lass mich durch die zerbrochenen, verstreuten Teile deines Herzens scheinen. Ich will diese Teile zusammensetzen und etwas ganz Wunderbares und Neues in deinem Leben schaffen. Es wird so schön sein, dass alle staunen werden: deine Eltern, deine Lehrer, deine Freunde – und vor allem du selbst! :-o
Das Licht in deinem Kaleidoskop, :-)
>Gott

Die Autoren

Claire Cloninger hat als Lyrikerin schon viele Preise gewonnen. In den Vereinigten Staaten ist sie eine bekannte Schriftstellerin und gefragte Rednerin. Sie ist dort inzwischen eine der führenden Sprecherinnen in den christlichen Medien. Fünfmal hat sie den Preis der Gospel Music Association gewonnen, und ihre Lieder wurden von Künstlern wie Amy Grant, Sandi Patti, Wayne Watson und B. J. Thomas aufgenommen. Sie hat mehr als zwei Dutzend Musicals für Kirchenchöre geschrieben, darunter auch *My Utmost for His Highest (Mein Äußerstes für sein Höchstes)*, *Experiencing God* und *Welcome to Our World*.

Ihr Sohn, **Andy Cloninger**, begegnet auf den vielen Wegen seines geistlichen Dienstes immer wieder den unterschiedlichsten Menschen in all den Situationen und Problemen, in denen sie gerade stecken. Seine Aufgabe ist es dann jeweils, sie liebevoll zur Wahrheit und zu möglichen Problemlösungen zu führen.
Zur Zeit leitet er die Anbetungsgruppe der «Spanish Fort United Methodist Church» und spielt beruflich in einer Akustik-Band namens «Dog Named David». Er produziert auch Musik-CDs für verschiedene Bands und leitet regelmäßig Gottesdienste bei Jugendveranstaltungen. Vor seinem Start in die musikalische Karriere waren Andy und seine Frau Jenny Jugendseelsorger und arbeiteten mehrere Jahre lang für «Young Life Ministries».
Andy und Jenny leben mit ihren beiden Kindern Kaylee und Drew in Mobile, Alabama, USA.

Aus der gleichen Reihe

Claire und Curt Cloninger
**«E-Mail von Gott
für Teens»**
(Taschenbuch)
Brunnen Verlag Basel und Gießen
Bestellnummer 114.230
ISBN 978-3-7655-4230-5

Claire und Curt Cloninger
**«E-Mail von Gott für Teens
und die Generation @»**
(Taschenbuch)
Brunnen Verlag Basel und Gießen
Bestellnummer 114.231
ISBN 978-3-7655-4231-2

BRUNNEN
Verlag Basel · Giessen

Aus der gleichen Reihe

Andy Cloninger
**«E-Mail von Gott
für Männer»**
(Taschenbuch)
Brunnen Verlag Basel und Gießen
Bestellnummer 114.233
ISBN 978-3-7655-4233-6

Claire Cloninger
**«E-Mail von Gott
für Frauen»**
(Taschenbuch)
Brunnen Verlag Basel und Gießen
Bestellnummer 114.234
ISBN 978-3-7655-4234-3

BRUNNEN
Verlag Basel · Giessen